Cómo contar historias

«Contar historias es, sin duda, la mejor manera de imprimir información o ideas en la mente del que escucha. Este libro ayuda a promover la narración como una herramienta educativa clave».
—Dr. Jane Goodall, Dame Commander of the Order of the British Empire, fundadora de The Jane Goodall Institute y Mensajera de la Paz de la ONU—.

«Las mejores historias las cuentan quienes nos conocen profundamente. Y si te falta confianza, entonces aquí tienes un montón de ayuda».
—Steve Biddulph, autor de *The Secret of Happy Children*, *Raising Boys*, y *Raising Girls*, éxitos de ventas del *New York Times*—.

«El libro está bien escrito y transmite con habilidad sus contenidos a los lectores, evitando inclinarse hacia la tediosa moralización, ya que argumenta que contar historias es una manera de brindar a los niños la atención que anhelan. La narración de historias es una habilidad que puede ser desarrollada por cualquier persona y practicada de manera efectiva por los aficionados. Quien lea este libro se sentirá empoderado y capaz. Las historias de ejemplo funcionan muy bien para demostrar cómo los niños pueden sentirse satisfechos con narraciones simples, y los ejercicios («Encuentra algo pequeño y hazlo grande»; «Cambia la voz») brindan orientación al tiempo que inspiran a los lectores a experimentar. Una guía informativa y práctica para adultos que quieren ser narradores de éxito».
—*Kirkus Reviews*—.

«Ojalá hubiera leído este libro antes de que mis hijos crecieran. Sus conocimientos y sencillas prácticas me habrían convertido en un mejor narrador».
—Charles Eisenstein, autor de *The More Beautiful World Our Hearts Know Is Possible*—.

«En realidad, este no es un libro sobre técnica. Por el contrario, elimina las preocupaciones técnicas y lo lleva al corazón resplandeciente del asunto: contar historias es algo que une, nutre, envuelve y es completamente natural para cualquier adulto. Silke y Joe te invitan a reclamar tu rico legado humano y a experimentar la alegría y la satisfacción de contar historias, cualquier historia, a los niños de tu vida».
—Joe Hayes, narrador bilingüe y autor de *A Heart Full of Turquoise*—.

«Creo que este tipo de sabiduría práctica es lo que los padres y las madres necesitan para conectarse con sus hijos de una manera espiritual, amorosa y efectiva. Con franqueza, es muy probable que sea mucho mejor que simplemente enviarlos a la iglesia».
—Padre Richard Rohr, autor de éxitos de ventas del *New York Times* y fundador del Center for Action and Contemplation—.

«¡Adoro este libro! Las historias nos brindan maneras de conectarnos y considerar lo que tenemos en común entre nosotros y de celebrar lo que nos hace deliciosamente diferentes».
—Melanie DeMore, cantante de folk afroamericana y narradora—.

«¡Qué gran idea para un libro! Los seres humanos comprenden el mundo principalmente a través de historias, lo que significa que puedes moldear el mundo de las personas pequeñas que amas con solo un poco de fantasía y mucho amor».
—Bill McKibben, ecologista y autor de *The End of Nature*, éxito de ventas del *New York Times*.

«Este libro te emocionará en silencio y te conectará profundamente con tus hijos. Te dará la sensación de "Yo también puedo hacerlo"».
—Kim John Payne, consejero familiar y autor del éxito de ventas *Simplicity Parenting*—.

«Después de cuarenta años de enseñar, capacitar a maestros e incluso más tiempo contando historias, no había visto ningún libro tan interesante como este».
—Sara Tisdel, profesora y formadora de profesores—.

«Este libro es una joya. Con consejos prácticos, ciencia y sabiduría popular, los autores nos han dado un tesoro realista para liberar al narrador que todos llevamos dentro. Recomiendo este libro encarecidamente».
—Rivera Sun, autora de *The Way Between*—.

«En estos tiempos de pobreza relacional, estrés diario y trauma, la narración es una modalidad accesible para cualquier padre, maestro o consejero que promueva la conexión, la esperanza, la curación y la resiliencia, y Silke y Joe ofrecen este importante regalo a través de sus historias originales, cuentos ancestrales y enseñanzas».
—Kara Andresen, trabajadora social clínica y terapeuta infantil—.

«En esta guía elegantemente escrita, los autores, ambos maestros con gran talento para los niños pequeños, recuperan la tradición atemporal de la narración, brindándonos herramientas prácticas para transformar las experiencias de la vida más ordinarias en aventuras mágicas para cautivar e implicar a los oyentes de todas las edades».
—Mirabai Starr, autor de *Caravan of No Despair* y *Wild Mercy*—.

«Sentí que cada capítulo me inspiraba. Empecé a confiar en el momento, sin saber a dónde me llevaría la historia».
—Jenny Sue Kostecki-Shaw, autora e ilustradora infantil de *Same, Same but Different*—.

Cómo contar historias

«Contar historias siempre ha sido algo natural para mí, pero en estos tiempos de cuarentena he sentido que mi manera de contar historias podría calificarse, en el mejor de los casos, con un notable bajo, y con el enorme cansancio de los padres cuando llega la hora de acostarse, un suficiente bajo. En pocas palabras, leí este libro durante un vuelo reciente y saludé a mis hijos con nuevos matices y entusiasmo narrativos. Cinco semanas después, los niños me piden cuentos varias veces al día. Nuestro favorito es *El caracol que podía hablar*, un caracol de color azul brillante que puede responder a una pregunta por cuento. Hasta ahora, las preguntas para ese oráculo van desde "¿Por qué los espaguetis son tan buenos?" a "¿Por qué huelen los pedos?"».
—Linwood, padre de Aspen, de ocho años de edad, y de Skye, de seis—.

«Una voz refrescante en medio del ruido de la crianza y el consumismo. Gracias por inspirarme para ser una buena narradora de historias para mi hijo».
—Melanie, madre de Leo, de cuatro años de edad—.

«Llegué a casa después de asistir al taller de narración y le pregunté a mi hijo si le gustaría ayudarme a elaborar algunas historias que pudiéramos contarnos. Enseguida se implicó en ello, y ya nos hemos contado varios realizando juegos cooperativos. La mayoría contienen magia, dragones, caballeros y cosas así. Creo que vuestra visión de infundir lo mágico en lo cotidiano es muy interesante para los niños».
—Liz, madre de August, de ocho años de edad—.

«Vuestro libro me ha ayudado a comprender mejor a los niños. Trabajo como maestra suplente y también enseño técnicas de desplazamiento a niños con discapacidad visual. Después de seguir vuestros consejos, mis clases han funcionado mucho mejor. Me preocupo menos por los pequeños errores y enfatizo la relación entre la clase y yo. Y también ha sido genial con mis hijas adolescentes».

—Miranda, madre de Sophia, de dieciocho años de edad, y de Julie Anne, de diecisiete—.

«Leí vuestro libro hace un par de meses y comencé a contarle historias a mi hijo de tres años. Bueno, hoy en el almuerzo ha pasado algo adorable. ¡Me ha contado una historia! Ha sido encantador, porque ha utilizado las mismas frases que yo, como «De repente…», «Y entonces…». No podía dejar de sonreír. De todos modos, solo quería agradeceros traer la narración de historias a nuestras vidas. ¡Estoy encantada!».

—Heidi, madre de Colt, de tres años de edad—.

«¡Nunca pensé que contar historias pudiera ser tan fácil y espontáneo! Gracias por darme la confianza para crear sobre la marcha».

—Brock, padre de Francis, de seis años de edad—.

«¡Leí vuestro libro y me encantó! Tenía muchas ganas de contarles historias a mis hijas, pero creía que no era lo suficientemente creativa como para inventar mis propias historias. Este libro me quitó la presión de encima y lo hizo fácil. Ahora me piden que les cuente historias todo el tiempo e inventan sus propios cuentos. Estoy muy agradecida de haber encontrado este libro, ya que ha traído más conexión a nuestro hogar a través de las historias».

—Christine, madre de Chloe, de siete años de edad, y Caroline, de cuatro—.

SILKE ROSE WEST Y JOSEPH SAROSY

CÓMO CONTAR HISTORIAS

Ilustraciones de Rebecca Green

Traducción de Manuel Manzano

URANO

Argentina – Chile – Colombia – España
Estados Unidos – México – Perú – Uruguay

Título original: *How to Tell Stories to Children*
Editor original: Silke Rose West & Joseph Sarosy
Traducción: Manuel Manzano

1.ª edición Septiembre 2021

© Joseph Louis Brodnik y Silke Markowski, 2021
© Ilustraciones: Rebecca Green, 2021
Publicado de acuerdo con Houghton Mifflin Harcourt Publishing Company
All Rights Reserved
© de la traducción 2021 *by* Manuel Manzano
© 2021 by Ediciones Urano, S.A.U.
Plaza de los Reyes Magos, 8, piso 1.º C y D – 28007 Madrid
    www.edicionesurano.com
    www.mundourano.com

ISBN: 978-84-17694-37-1
E-ISBN: 978-84-18480-28-7
Depósito legal: B-11.926-2021

Fotocomposición: Ediciones Urano, S.A.U.
Impreso por: Liberdúplex, S.L. – Ctra. BV 2249 Km 7,4
Polígono Industrial Torrentfondo – 08791 Sant Llorenç d'Hortons (Barcelona)

Impreso en España – *Printed in Spain*

A los niños de la Tierra.

«Las creencias irreales en fuerzas invisibles... tienen muchas más probabilidades de motivar la acción que las creencias modestamente reales».

—Brian Boyd, *On the Origin of Stories*—.

Índice

Introducción   15

1. El ciclo de la narración   33
2. Sé tú mismo   57
3. Empieza simple, empieza pronto   69
4. Establece un ritmo   83
5. Elementos de trabajo   97
6. Historias para calmar 121
7. Historias para enseñar 137
8. Historias para toda la familia 155
9. El final 173

Nota de los autores 191
Agradecimientos 193
Referencias 195
Notas 197

Introducción

Los niños llaman al narrador que hay en nosotros. Empieza incluso antes de que nazca tu pequeño, cuando comienzas a hablar con este misterioso ser que anhelas ver y tocar. Lentamente, presentamos a nuestro bebé al mundo, bañándolo en suaves palabras, estableciendo las raíces del lenguaje. Tu voz ayuda a tu bebé a orientarse y le permite saber que está a salvo: estas son las primeras historias de un niño. Pronto, tu hijo pequeño estará explorando cada rincón de la casa, y lo que le enseñes, pequeñas historias en sí mismas, hará que todo lo viejo y simple brille con una nueva luz.

Nos hemos dado cuenta de que cuando un niño dice: «Cuéntame una historia» no está pidiendo una narración. Está pidiendo tu atención. Y eso no es algo trivial. La confianza de un niño es un don valioso, y si reconocemos el significado subyacente a sus palabras —¡quiere conectar conmigo!—, nuestros corazones por lo general se abren de par en par. Lo vemos como una oportunidad. Las historias que fluyen de esos momentos son a veces tan simples, pero tan íntimas y profundas, que su recuerdo dura toda la vida.

Pero a veces simplemente estamos agotados. Hemos tenido un día ajetreado en el trabajo, una conversación agotadora con nuestro esposo o esposa, solo hemos comido una barrita energética y un par de cafés para el almuerzo, y la idea de contar una historia no parece divertida. Parece un trabajo, otra exigencia más para tu suministro limitado de energía y creatividad.

Contar historias puede resultarnos fatigoso, e incluso hacer que nos sintamos intimidados. No solo a veces estamos cansados, sino que además estamos rodeados de gigantes de la industria como Disney, Marvel y J. K. Rowling. ¿Cómo podemos competir con ellos? ¿Deberíamos? Tal vez sea más fácil dejarlo en manos de los expertos.

Tal línea de pensamiento podría tener sentido si la narración fuera simplemente sobre la historia, pero como muestra la investigación (y como seguramente descubrirás por ti mismo), la narración tiene mucho más que ver con la relación entre el que habla y el que escucha, es decir, entre tú y tu hijo. Cuando se aborda desde esta perspectiva, contar historias se vuelve más fácil, más divertido y sutilmente expresivo del amor y de la intimidad que compartes con tu hijo.

¿Puedes recordar un momento en el que tu madre o tu padre te contaron una historia, o tal vez un abuelo o un maestro afectuoso? Si eres como la mayoría de las personas, recordarás esos momentos con evidente cariño. Es probable que recuerdes parte de la historia, como los personajes principales, pero es aún más probable que recuerdes la sensación de ese momento. Te sentiste cuidado. Sentías que tenías y merecías la atención de ese adulto cariñoso.

De eso trata este libro, no de contar los éxitos de taquilla que derivan en ofertas cinematográficas. Se trata de contar historias, historias sencillas, que alimentan la relación con tu hijo y que recordará durante el resto de su vida. Para hacerlo, vamos a compartir un poco de la ciencia de la narración junto con un método simple que nos ha funcionado durante más de treinta años. Ha funcionado durante mucho más que eso (quizá 60.000 años), pero acabamos de ponerlo en palabras sencillas. Los ejercicios de práctica y los ejemplos de historias ayudan a darle vida y, al final de este libro, confiamos en que te

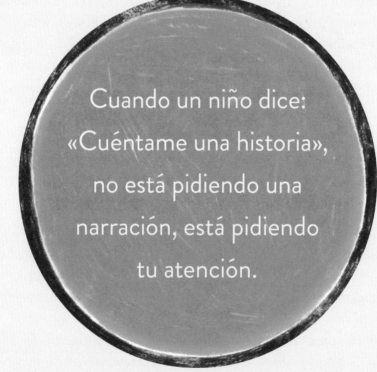

Cuando un niño dice:
«Cuéntame una historia»,
no está pidiendo una
narración, está pidiendo
tu atención.

sientas más seguro. ¿Por qué? Porque contar historias es algo en lo que ya eres bueno, aunque es posible que aún no te hayas dado cuenta.

Cualquiera que haya contado cuentos a un niño reconocerá un hecho simple: al final de la historia, no os vais simplemente con una buena historia, sino que ambos os sentís más unidos. Los expertos llaman a esto «apego» y está de moda en los círculos parentales. Pero el apego es un tema curioso y, a veces, voluble. *Psychology Today* informa que el 40 % de los niños estadounidenses carece de un vínculo saludable con sus padres y, por lo tanto, es probable que tengan dificultades para formar relaciones saludables cuando sean adultos [1].

El principal postulado de la teoría del apego es que un vínculo saludable con una o más figuras parentales en los primeros años de un niño lo ayuda a que forme relaciones saludables más adelante en la vida. Dado que las relaciones son vitales para las criaturas sociales como nosotros, esto conduce a todo tipo de resultados deseables, como el éxito académico y profesional, la salud mental y la autoestima positiva. Por otro lado, los niños que carecen de un apego saludable en la infancia tienden a formar malas relaciones cuando son adultos y, por lo tanto, tienen dificultades en la escuela, en sus carreras y una variedad de trastornos de conducta que van desde la ansiedad hasta la ira y la evitación.

Sin embargo, es importante no confundir el apego con el amor. Es perfectamente normal, e incluso bastante común, que los padres amen a sus hijos, pero que no creen un sentido de apego saludable. Nuestras vidas modernas tienen mucho que ver en esto. El tiempo frente a la pantalla y los horarios ocupados son temas cada vez más comunes tanto para padres como para niños. Lo entendemos. Nosotros también estamos ocupados. Por eso queremos ayudar a los padres a conectarse cara a cara con sus hijos. Contar historias es una manera antigua y comprobada de hacerlo, y la ciencia moderna nos ha dado algunas ideas interesantes sobre por qué es tan eficaz. Pero lo que se destaca es esto: es liberador, es perfectamente natural y funciona con los valores religiosos, sociales y culturales de cada familia. En realidad, nadie necesita decirte cómo hacerlo, al igual que nadie necesita decirte cómo caminar. Simplemente lo haces. Y así de profundamente arraigada está la narración de historias en la especie humana.

Los antropólogos han estudiado la narración de historias durante décadas, y lo que han descubierto es que los mejores narradores a menudo ocupan posiciones sociales prominentes[2]. Si miramos el mundo moderno, vemos más o menos lo mismo. Las historias modernas son un gran negocio, a menudo contadas a través de películas, libros, música y videojuegos. Los actores y escritores implicados en su creación son algunos de nuestros mayores héroes y celebridades.

Pero la narración todavía tiene un lugar único dentro de la familia. No solo crea apego, sino que se convierte en una navaja suiza para los padres: una herramienta múltiple que ayuda al niño a aprender nuevas habilidades, desarrollar empatía, calmar las emociones difíciles y dar sentido a los momentos desafiantes de la vida. Y como verás, hay una gran diferencia entre contar la historia de otra persona y la tuya propia.

Piensa en ello como en la diferencia entre una lata de salsa de tomate y un sofrito casero. Un narrador experimentado se basa en los eventos y objetos que se encuentran en el entorno inmediato de un niño, como arrancar tomates y hierbas del jardín, y luego crea historias que no solo son entretenidas (y sabrosas), sino que se crean precisamente para ese niño en ese lugar y en ese momento.

Narrar historias
es algo en lo que ya eres
bueno, aunque es posible
que aún no te hayas
dado cuenta.

En este libro, describimos los ingredientes clave para la narración intuitiva, para que puedas comenzar a improvisar tus propias historias directamente desde el contexto en el que vivís tú y tus hijos. Somos padres y maestros con cientos, quizás miles, de horas contando historias en nuestro haber, pero este libro no tiene nada que ver con cómo contar nuestras historias, ni las de nadie más. Tiene todo que ver con cómo contar las tuyas.

Eso es porque, en esencia, la narración trata de relaciones. Hemos visto cómo le alegran el día a un niño, cómo enseñan valiosas lecciones de vida, cómo se ganan la confianza de un niño e incluso cómo ayudan a las familias a sobrellevar la muerte de un ser querido. Si creyéramos que fueron las historias las que transmitieron esos momentos, las imprimiríamos. Pero creemos que esas historias, como todas las buenas historias, se arraigaron en el espacio amoroso existente entre el que cuenta y el que escucha. Acuden silenciosamente, casi en secreto, a quienes estaban dispuestos a escuchar. Eso es lo que te convierte en el mejor narrador de historias para tu hijo.

Yo, Silke, soy una profesora Waldorf que llevo enseñado en el jardín de infancia más de treinta años. En 1995, cofundé la Taos Waldorf School y hoy dirijo un jardín de infancia forestal independiente llamado Taos Earth Children. En Taos me reconocen por mis espectáculos de marionetas y mis narraciones, y soy consultora de maestros y escuelas a nivel nacional.

Yo, Joe, trabajé con Silke durante dos años en el Taos Earth Children, y en 2018 formé un primer y segundo grado independiente que trabaja en estrecha colaboración con el jardín de infancia de Silke. También soy escritor *free-lance* para Fatherly y soy el creador de la campaña #GreatDad, un movimiento para destacar a los grandes padres en los Estados Unidos.

Para los dos, contar historias es una parte fundamental de nuestro día. Así es como enseñamos. Así es como nos divertimos. Gran parte de nuestros días escolares los pasamos al aire libre, aprendiendo en los bosques y en los cañones del norte de Nuevo México, y nuestras historias a menudo tratan sobre los animales y las plantas que encontramos aquí, las próximas vacaciones o una pieza de artesanía que acabamos de hacer con los niños. Nuestros personajes se encuentran con frecuencia en situaciones que los niños han visto recientemente, incluidos temas de clase difíciles y ocasionales problemas de comportamiento. Al final de una narración, no es raro que los niños digan frases como «¡Ha sido la mejor historia!».

Es cierto que somos buenos narradores de historias, pero lo que es mucho más importante es el vínculo emocional y la experiencia compartida que tenemos con los niños, y el hecho de que nuestras historias se crean a partir de eventos y objetos que reconocen. Cuando abordamos la narración desde esta perspectiva, el objetivo no es crear la narrativa más fascinante del mundo, sino historias sencillas del día a día con las que los niños se relacionan y que ayudan a construir intimidad y confianza entre padres (o maestros) e hijos.

Hay cientos de libros sobre la narración disponibles en la actualidad, incluidos varios que brindan algunas instrucciones y antecedentes sobre el tema. Algunos de estos libros son excelentes, pero casi todos se centran principalmente en memorizar o en volver a contar historias que crearon otros. Esta no es la intención de nuestro libro. Lo que tienes en tus manos no es una colección de historias, es un método para ayudarte a crear la tuya propia.

> Lo que tienes en tus manos no es una colección de historias, es un método para ayudarte a crear la tuya propia.

La técnica es sencilla, algo que empleamos todos los días con mucha variedad y flexibilidad. Gran parte de ella proviene del asesoramiento de expertos y de la investigación académica. Sin embargo, la única experiencia que necesitas es el contacto emocional con tus hijos, algo que haces mejor que nadie.

Compara esto con el mensaje de la narradora Marie Shedlock en la introducción de su clásico *El arte de contar cuentos*: «Es de esperar que algún día las historias sean contadas a los grupos escolares solo por expertos que hayan dedicado tiempo y preparación específica al arte de narrarlas». Shedlock tiene buenas intenciones, pero este es precisamente el mensaje opuesto al nuestro. Todo el mundo es un buen narrador de historias y ningún experto puede reemplazar la intimidad de una historia creada en el entorno del niño por un padre o cuidador atento y cariñoso. ¿Por qué? Porque la narración tiene que ver con la relación, no con la narrativa.

El método intuitivo que describimos en este libro emplea una arquitectura simple, comenzando con los objetos físicos y las actividades dentro del entorno inmediato de tu hijo. A veces, esto puede ser tan complicado como replantear un conflicto entre los niños bajo la apariencia de una pelea entre ardillas, pero a menudo es tan simple como fijarte en los pies descalzos de un niño y luego contar una historia sobre lo que sucedió cuando los cordones de sus zapatos se acercaron al arroyo. Tales historias hacen que los niños se rían y piensen. Se sienten parte de ellas porque reconocen a los personajes y eventos de las historias en sus vidas reales. Se ven en ellas.

Pero eso no es todo. Como las historias intuitivas se elaboran desde el entorno de un niño, a menudo crean oportunidades para el tiempo de juego. Se crea un hermoso ciclo de narración que describimos con más detalle en el capítulo 1. No es difícil imaginar, por ejemplo, lo que hará una niña descalza que ha escuchado recientemente una historia sobre los cordones de sus zapatos una vez que se los calce.

En su conjunto, los capítulos de este libro describen los ingredientes de nuestro método de narración, pero cada tema es autónomo, por lo que no tendrás problemas para elegir si lo deseas. Cada capítulo puede leerse en menos de diez minutos y va seguido de un ejemplo de historia para ilustrar los consejos dados en ese capítulo. Puede que te resulte fácil leer el libro entero de una sola vez, pero sería perfectamente adecuado, y muy de nuestro agrado, que leyeras un capítulo, probases una historia con tus hijos y luego volvieras al libro otro día para recibir otro consejo. Hemos incluido ejercicios prácticos en cada capítulo para ayudarte a comenzar. Una buena narración, a pesar de lo que dice Marie Shedlock, no tiene por qué ser perfecta. Se trata de practicar. No hay prisa.

Una buena narración no tiene por qué ser perfecta. Se trata de practicar.

Confiamos en este método porque lo utilizamos casi todos los días. Lo hemos visto funcionar en múltiples entornos durante muchos años. Es flexible y fácil de dominar. El marco es útil, especialmente si se está comenzando, pero no hay dos historias ni dos narradores iguales. Las buenas historias, como las buenas personas, son tan diversas como los picos de una cadena montañosa, con todos los valles y arroyos en medio. Encuentra tu lugar. Encuentra tu voz. Tus historias serán más fructíferas cuando dejes de escuchar los consejos y simplemente sigas la historia que ya está dentro de ti.

Si hay un mensaje, que esperamos que extraigas de este libro, es este: ya eres un buen narrador de historias. Es, literalmente, lo que te hace humano. Viene de nacimiento, al igual que el cabello y los pulgares oponibles. Así que, recuerda, si lo que buscas es un buen sofrito, hazlo tú mismo y prueba diferentes recetas las primeras veces. No tardarás mucho en superar la variedad enlatada. Pero una vez que domines la técnica y hayas adquirido tu gusto particular, tira el libro de recetas. Tu intuición te llevará a ti y a tus hijos más lejos de lo que jamás soñaste.

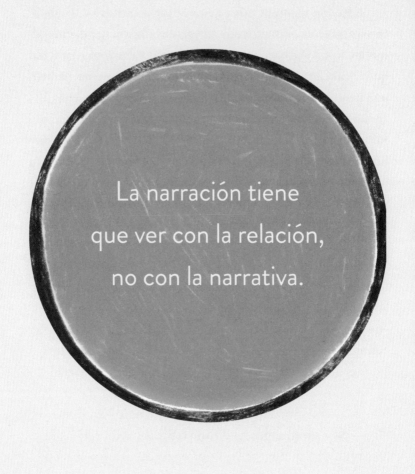

La narración tiene
que ver con la relación,
no con la narrativa.

La ciencia detrás de la historia

Los científicos han reunido hechos sobre la narración de historias durante años: nos ayuda a recordar información, enfocar la atención, desarrollar empatía y navegar por eventos difíciles de la vida. Pero solo recientemente algunas personas han comenzado a preguntarse por qué.

«¿Por qué en un mundo de necesidad optamos por pasar tanto tiempo atrapados en historias que tanto quien explica como quien escucha nunca han vivido y nunca vivirán?»[3] Esta es la pregunta inicial del teórico evolutivo Brian Boyd en su obra *On the Origin of Stories*. Una pregunta similar puede encontrarse en las páginas de *Darwin's Cathedral*, de David Sloan Wilson. Distinguido profesor de biología y antropología de la Universidad de Binghamton, Wilson ha recibido innumerables premios por su trabajo y recientemente recibió fondos de la National Science Foundation para expandir su programa de estudios evolutivos en un consorcio nacional. ¿Es posible, pregunta, que las historias culturales (en su caso, específicamente las religiosas) unan a sus oyentes en un grupo con distintas ventajas evolutivas?[4]

El alcance de estas preguntas va mucho más allá de este libro (¡solo somos maestros de jardín de infancia!). Sin embargo, la conversación emergente entre investigadores cognitivos, neurocientíficos y teóricos de la evolución arroja una gran cantidad de luz sobre la seriedad de la narración, y vale la pena abrir una pequeña ventana a ese mundo.

En pocas palabras, somos una especie extraordinariamente social, a veces etiquetada como «súper social». El éxito que hemos obtenido como especie y, por tanto, como individuos, se debe en gran parte a nuestra capacidad de cooperar y competir entre nosotros. La delgada línea que pisamos entre la cooperación y la competencia con nuestra familia, clan y vecinos ha impulsado el desarrollo de herramientas notables para compartir información, retener información, leer las intenciones de otros e imprimir en ellos, u ocultarlas, nuestras propias intenciones.

Una de esas herramientas principales es la narración. Contando historias es como le explicamos a la gente lo que ha sucedido, lo que desearíamos que hubiera sucedido o lo que nos gustaría hacer ahora. Jennifer Aaker, profesora de márquetin de la Stanford Graduate School of Business, dice que las personas recuerdan la información cuando esta se incorpora a una narrativa «hasta veintidós veces más que los hechos por sí solos»[5]. Las historias también son el principal método que utilizamos para engañar, o intentar engañar a otros con mentiras. Puestos en un aprieto, la mayoría de los niños de cuatro años inventan historias espontáneamente para evitar verdades incómodas[6]. Los adultos no son mucho mejores. Los chismes representan casi el 65 % de toda la comunicación en público.[7]

Pero las historias son más, mucho más, que un medio para transmitir verdades o engaños. Son, como sabemos por las películas con presupuestos de miles de millones de dólares, por los libros más vendidos y por las pinturas rupestres de hace 30.000 años, una de las actividades más fascinantes para los seres humanos en todas partes. Pagamos dinero por una buena historia, aunque, como dice Brian Boyd de manera incisiva, «tanto el narrador como el que escucha saben que nunca sucedió y nunca sucederá». ¿Por qué?

Más allá de las simples medidas de decir la verdad o engañar, los seres humanos utilizan las historias para llamar la atención, simular acciones y comportamientos (incluidas las emociones) y desarrollar la confianza. La narración es la forma principal en la que transmitimos valores entre los miembros de nuestro grupo social, incluso de padres a hijos. Las «historias», afirma un artículo en *The Atlantic*, «pueden ser una manera de que los humanos sintamos que tenemos control sobre el mundo. Permiten que las personas vean patrones donde hay caos… una forma de resolución de problemas existenciales». [8]

Quizás ahora podamos comenzar a comprender por qué David Sloan Wilson sugiere que las historias culturales y religiosas podrían tener una ventaja evolutiva para los oyentes. La cooperación entre los miembros de la comunidad, dice Wilson, siempre ha sido un componente vital de la supervivencia humana. «Amar y servir a un dios perfecto», sin embargo, «es mucho más motivador que amar y servir al prójimo imperfecto». En otras palabras, «un sistema de creencias ficticio que sea fácil de utilizar y que motive un conjunto de comportamientos adaptativos superará a un sistema de creencias realista que requiera un doctorado para comprenderlo». Es importante reconocer que Wilson no está sugiriendo que las creencias religiosas sean ficticias (o verdaderas), simplemente que, sean verdaderas o no, están profundamente influidas por historias que motivan el comportamiento.

La mayoría de los padres lo observan a diario. Los niños tienden a actuar y a contar las historias que han escuchado, leído o visto recientemente, ya sea un libro de Harry Potter o una película de Disney. Los adultos hacen lo mismo, repitiendo los mejores diálogos de sus películas preferidas e incluso asumiendo algo de la extravagancia de sus personajes favoritos.

La narración de historias es uno de los principales métodos mediante los cuales pasamos la cultura (o el significado) de padres a hijos y de humano a humano. Y no solo el significado, sino las maneras de ser. El equilibrio. El tono. La cadencia. La historia familiar. «A medida que escuchas el desarrollo de una historia, tus ondas cerebrales comienzan a sincronizarse con las del narrador», escribe Elena Renken en npr.org [9] parafraseando el trabajo de Uri Hasson, profesor de psicología y neurociencia de la Universidad de Princeton, cuyas charlas TED sobre narración de historias y comunicación bien valen la pena.

La narración es también, junto con el tacto, uno de los mayores árbitros de la intimidad y la confianza. Con frecuencia, las personas que comparten historias suelen estar unidas de manera única y duradera. Por eso *Psychology Today* enumera la lectura en voz alta como una de sus principales recomendaciones para los padres interesados en criar a un niño feliz. [10] El contenido es casi intrascendente. La intimidad emocional es lo que anhelamos, y resulta que compartir historias la construye mejor que casi cualquier otra cosa.

En su influyente libro *The Storytelling Animal. How Stories Make Us Human*, Jonathan Gottschall escribe que la ficción «te hará más empático y más capaz de navegar por los dilemas de la vida». [11] Las historias, dice, son como ensayos generales de la vida real. Gottschall cita a Marco Iacoboni, neurólogo pionero de la UCLA que estudia las neuronas espejo: «Tenemos empatía por los personajes de ficción… porque literalmente experimentan los mismos sentimientos que nosotros». La narración de historias no es un error evolutivo, concluye Gottschall: «La ficción es buena para nosotros».

> La narración de historias es uno de los mayores árbitros de la intimidad y la confianza.

Esperamos que este libro te inspire para reivindicar la tradición de la narración. Es tu derecho de nacimiento como ser humano, y no se requiere nada de esta jerga académica. De hecho, ya cuentas historias durante gran parte del día, ya sea a ti mismo, en la oficina o en un círculo de amigos. Gottschall lo dice bien: «La historia es para un humano como el agua es para un pez». Tienes las herramientas. Tienes la historia. Al asumir conscientemente este papel con tu hijo, repites un viaje que millones de padres y cuidadores han realizado antes. Con la práctica, puede que incluso descubras que eres un narrador excepcional. Pero esto es cierto: el vínculo emocional que surge naturalmente de la narración será un regalo duradero para ti y tu hijo.

1

El ciclo
de la
narración

HAY tantas maneras de contar historias como personas en el planeta. El método que enseñamos en este libro es lo que llamamos «narración intuitiva», lo que significa que no implica ninguna preparación. Se inventa la historia en el acto. Al principio, esto puede sonar más difícil que simplemente repetir un cuento de hadas clásico, pero una vez que comprendas la estructura esencial, lo que llamamos el «ciclo de la narración», descubrirás que es tan simple como caminar. No tienes que pensar en ello para hacerlo.

Lo que nos gusta de este método es que permite que cada individuo se exprese a sí mismo y exprese los valores de su familia de maneras diversas y únicas. Es un método que se adapta a todos porque se trata de proceso, no de contenido. Y, como verás, esta diversidad de expresión se adapta bien a los niños a medida que crecen, maduran y, a veces, se enfrentan a eventos desafiantes de la vida.

Así es como funciona: haz un barco de hadas con ramitas y hierba. O con fideos, piezas de ordenador o trozos de alfombra. Con cualquier cosa. Luego, deja que los niños jueguen con él. Ni siquiera importa si se hunde. Solo ríe. Más tarde, después del almuerzo o durante un momento de tranquilidad, cuenta una historia sobre un ratón (o un hada, una hormiga, etc.) que encuentra un bote pequeño y zarpa hacia la aventura.

Toma algo ordinario

Cuenta una historia
al respecto

Crea algo extraordinario

¿No tienes un barco de hadas? Haz una casita o un fuerte. Puedes referirte a la mochila de un niño, a un chicle desechado o a un árbol con una curvatura única en sus ramas. Cualquier cosa. Toma de una a tres cosas (o eventos) concretos de tu día y utilízalos como anclas en tu historia.

Esta técnica une la realidad a la imaginación y luego vuelve a conectarla. Después, los niños probablemente querrán representar parte de la historia, en cuyo caso es posible que necesiten un barco. Este es el ciclo de la narración, una situación real, seguida de un desarrollo imaginario, que da como resultado una nueva realidad, y se presenta en todas las formas y tamaños. Podríamos representarlo así.

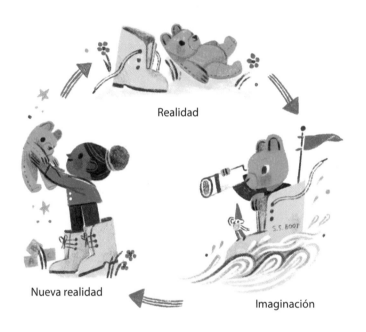

Realidad

Nueva realidad

Imaginación

Un narrador principiante generalmente comenzará con historias simples y extravagantes, pero un narrador experimentado verá ciclos en todo tipo de situaciones, como en un grupo de niños en plena disputa. Pueden ser reprendidos, por supuesto, pero a menudo es más efectivo contarles una historia. Unidos por la historia común en lugar de estar identificados con su

Un narrador experimentado ve ciclos en todo tipo de situaciones.

división, los niños tienen la oportunidad de reagruparse en un equipo para representar la historia. Dos bandas de piratas despiadados se unen para enfrentarse al pulpo más grande jamás encontrado en aguas abiertas. ¡Todos manos a la obra! Un hecho real transformado por la historia en una nueva realidad.

Aquí hay otro: digamos que a tu hijo le duelen los dientes. Ser testigo del dolor de un niño puede ser insoportable para los padres. Los llevamos al dentista y les damos medicamentos, pero cuando les están saliendo los nuevos molares, no podemos hacer mucho por ellos. O sí. Les damos un cubito de hielo y les contamos una historia.

«Érase una vez una niña a la que dolían tanto las muelas que se hartó tanto que se fue de viaje para curarse el dolor. En el camino se encontró con un castor, que tenía que masticar sin cesar porque sus dientes nunca dejaban de crecer.

»—¿Y tú crees que tienes dolor? —dijo, tal vez con un poco de crudeza. Incluso masticaba leña mientras hablaba.

Luego se encontró con un elefante que estaba triste pero que era muy amable.

»—Cuando me crecieron los colmillos… —dijo—. Fue una de las experiencias más dolorosas de mi vida.

»Había un cocodrilo, que era un poco irritable. Y un tiburón. Incluso un tigre dientes de sable. Cada uno de ellos tenía una personalidad diferente, y también una palabra de consuelo o simplemente un gruñido. Finalmente, la niña errante se encontró con un viejo minero en las profundidades de una cueva, un pequeño gnomo que recolectaba dientes para el hada de los dientes.

»—Esas muelas son un trabajo duro —dijo—. Tengo que trepar por la nariz del niño y empujar y tirar hasta que salen. No es de extrañar que duelan tanto.

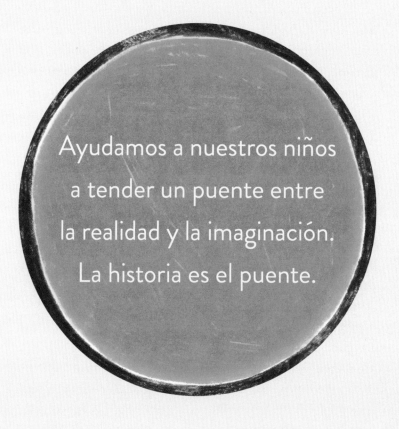

Ayudamos a nuestros niños
a tender un puente entre
la realidad y la imaginación.
La historia es el puente.

Nada de esto cambiará el dolor en la mandíbula de un niño, pero si le hablamos con palabras comprensivas y tal vez con un toque de humor, es posible que vaya al dentista con un poco más de determinación. Nuevamente, este es el ciclo de la narración: la transformación de un evento real en uno con más significado. Es una herramienta incomparable para los padres.

El ciclo de la narración es un viaje que hacemos con los niños. A veces dura horas. Otras veces, solo unos minutos. A menudo es solo por diversión (y esa suele ser la mejor situación para los principiantes), pero a medida que desarrolles tu oficio, te resultará sorprendentemente fácil incluir niveles de significado cada vez más profundos. Después de todo, ¿qué son los Evangelios o los Vedas sino historias?

Hay muchas maneras de comenzar y de terminar tu historia en el mundo de la imaginación, pero en este libro nos enfocamos en llevar un objeto o evento del mundo real a la narrativa. Al hacerlo, ayudamos a nuestros hijos (y a nosotros mismos) a unir la realidad y la imaginación. Con el tiempo, es posible que ya no necesites esa estrategia, pero si estás comenzando a contar historias, encontrarás que esta práctica simple abre una rica fuente de material para explorar en ambos lados: la realidad y la imaginación. La historia es el puente entre ambas.

Piensa en el viaje —por el puente y de vuelta— como en un ciclo. Si enhebráramos una aguja y la lleváramos con nosotros, habíamos cosido un punto entre la realidad y la imaginación.

La clave para una narración simple y sin esfuerzo es permanecer presente y dejar que la historia fluya.

Una narradora experimentada ha hecho cientos de esos puntos en el tejido de la realidad. Tiene docenas de puentes y los coloca con cuidado, eligiendo lugares que son apropiados para la edad de su hijo y los valores de su familia. Un niño que ya la ha acompañado en estos viajes no tiene problemas para cruzar él mismo el puente. Continuamente está tejiendo una densa tela de imaginación en lugares y cosas muy reales en su hogar, su vecindario, su ciudad. Ha estimulado una curiosidad que durará toda la vida. Un niño así ve puertas incluso en los objetos más mundanos. Tú también lo harás.

Una de las razones por las que este método de narración tiene éxito es que requiere poca preparación. Los métodos que necesitan memorización o preparación, por bienintencionados que sean, pueden resultar difíciles para los padres y maestros que carecen del tiempo o la motivación para llevarlos a cabo. Del mismo modo, si un narrador intenta predecir o preparar el final de una historia durante la narración, es muy probable que se distraiga y la historia se esfume. La clave para una narración simple y que no requiera esfuerzo es permanecer presente y dejar que la historia fluya. En otras palabras, no buscamos un guion, un principio o un final. Es posible que ni siquiera tengamos una idea clara de cómo será la historia. Simplemente estamos cruzando un puente, un puente curioso, y viendo cómo se desarrolla la historia en nuestra propia imaginación. Cuando termina, cerramos el ciclo, devolviendo la historia a la realidad y permitiendo una salida simple para jugar.

El primer paso es encontrar un objeto común dentro del entorno de tu hijo. Podría ser un juguete, pero también podría ser un lugar que visitasteis, o una mariposa que tu hijo vio cuando paseaba esa misma tarde. Sea lo que sea, asegúrate de que es algo que también te haya llamado la atención a ti. Eres una parte importante de la historia y no queremos perderte.

Poco importa a dónde va o termina la historia.

Por ejemplo, podríamos estar sentados en la ladera de una colina jugando en la hierba con algunas muñecas. Al pie de la colina, pasa un pequeño arroyo. Durante un momento de tranquilidad, tal vez después del almuerzo, podríamos contar una historia sobre una de esas muñecas que, cuando nadie miraba, caminó hasta el riachuelo para nadar un rato. Aquí la muñeca es el ancla, el primer paso hacia el puente, y la historia avanza fácilmente sin conocimiento previo ni preparación. ¿Cómo camina la muñeca? ¿Es lenta y cuidadosa? ¿Sigilosa y hábil? ¿Es un poco torpe? ¿Se tropieza y cae al agua con un gran chapoteo? ¿Qué tipo de cosas ve? A medida que la narración avanza de un evento a otro, ves a la muñeca pasear por tu imaginación. ¿Qué hace cuando llega a la orilla del agua? Depende de ti y del personaje del momento.

Para algunos, esto puede parecer un poco forzado, pero hay un momento en el que la historia se apodera del narrador. Es como si estuviéramos caminando a través del puente, rascándonos la cabeza no muy seguros de a dónde vamos, cuando de repente tuviéramos una visión del otro lado, eso nos provocaría una amplia sonrisa, y la historia comenzaría a funcionar. *Quiero esa muñeca en un bote con un cangrejo.* Eso es lo que buscamos, no una narración memorizada, porque de ahí en adelante la historia se impulsa sola. El narrador se ha sumergido de lleno en su imaginación y ya no se distrae. Su entusiasmo se convierte en el entusiasmo de la niña. Poco importa a dónde va la historia o cómo termina. Cuando termine, la niña tendrá una nueva ventana en su muñeca. Quizá quiera recrear la historia. Puede que necesite un cangrejo. O tal vez quiera llevar a la muñeca a una nueva aventura. Esa es la sustancia que estamos buscando.

También podríamos encontrar un puente en una actividad, como un niño saltando a la comba. En este caso, podríamos contar una historia sobre una hormiga a la que le encantaba saltar a la comba y una oruga que se le unió. Cuando piensas en una hormiga saltando a la comba, ¿qué te viene a la mente? ¿Qué pasa con una oruga? Podría tener dificultades para hacer que todas esas patas salten al mismo tiempo. Historias simples como esta pueden llenar de nueva emoción una tarde aburrida. El juego resultante podría ser simplemente un regreso a la cuerda de saltar con una nueva risita. Podría ser la recreación de la oruga saltando por encima de la cuerda con un pie cada vez. Puede que tengas que recrear una oruga gigante.

El juego posterior a una historia es solo una opción. No es algo que forcemos, y que ni siquiera alentemos. La historia simplemente lo permite. Se abre un camino para el juego porque tenemos cosas reales (anclas) en nuestras manos que reconocemos en la historia. Pero depende de los niños elegir si toman el camino. Si contar historias se convierte en una rutina regular, verás con qué frecuencia las historias se convierten en tiempo de juego y viceversa. Esta es la magia del ciclo narrativo. Pero no siempre será así, y es importante darles a los niños la libertad de elegir por sí solos. También es importante aceptar que algunas de tus historias serán flojas. No hay nada de malo en eso.

Los ejemplos de este capítulo son en su mayoría extravagantes, porque aquí es donde comenzará la mayoría de las personas. La intimidad que se genera a través de estas sencillas historias permitirá, con el tiempo, que algunos narradores encuentren puentes en momentos más complicados, como una lesión, un encuentro social difícil o la muerte de un ser querido. Los capítulos posteriores abordarán este material con mayor profundidad, pero aquí hay un ejemplo simple.

Imagínate a un niño que se olvida la chaqueta con frecuencia, ya sea en la escuela, en el parque, en casa de un amigo, etc. Es fácil frustrarse con un niño así y amonestarlo para que recuerde. Tímidamente, te promete hacerlo mejor, pero nunca lo hace, y comienza a ser un punto delicado entre el hijo y los padres.

Utiliza la chaqueta como puente y conviértela en una historia sobre un oso que fue a nadar y se quitó su abrigo de pieles. Lo dejó en la orilla, luego se olvidó y se sintió avergonzado cuando llegó a casa desnudo. Tal vez llegó el invierno y tuvo que hacer una gran búsqueda de su pelaje, solo para descubrir que unas ardillas y un conejo habían hecho una tienda de campaña con él. Al niño le hará gracia una historia así, incluso cuando está enviando de manera suave pero eficaz el mensaje deseado; por supuesto, todo sin críticas. Aún puede olvidar la chaqueta, pero ahora tenemos un dispositivo literario que calma la tensión. «¡Oye, Oso, no vayas desnudo por ahí!» se convierte en una manera divertida y amable de recordarle al niño que debe buscar su chaqueta. Tales historias unen al niño y al padre o la madre, en lugar de clasificarlos como el que genera el problema y el que lo recrimina.

★ PRÁCTICA #1 *Simplemente observa*

Antes de empezar a crear una historia, busca en el entorno de tu hijo puentes hacia el contenido de la historia. Pueden ser juguetes, actividades, lugares o comida. ¿Qué te emociona o te hace reír? Sé sincero. Los ejemplos de este capítulo incluyen hadas, muñecas e insectos, pero es posible que las tortugas ninja o los juegos de ordenador te resulten más emocionantes. Sea lo que sea lo que te llame la atención, trata de verlo como puentes o puertas que conducen a la historia. ¿A dónde te gustaría que te llevaran?

El gnomo de la tubería metálica

Joseph Sarosy

Esta es una historia divertida que muestra cómo usar el ciclo narrativo. En ella podrás identificar claramente el ancla, o la realidad, que nos puso en marcha y cómo la historia unió dicha realidad a nuestra imaginación. Al final, verás que tanto los padres como los hijos sintieron una realidad nueva y tangible.

★

Estaba sentado en el asiento del pasajero del automóvil de mi amigo mientras él conducía por la autopista de dos carriles, y nuestras hijas, de cinco y seis años, estaban sentadas en el asiento trasero mirando un libro de imágenes. Ya llevábamos en la carretera treinta minutos, y aún faltaba un poco más para llegar a nuestro destino. Algunos padres e hijos iban en otros automóviles por delante y por detrás de nosotros. Todos los alumnos de nuestra clase del jardín de infancia compartían coches en dirección a Farmer's Ron, ansiosos por ver sus huertos y campos una vez más.

Pero la marcha era lenta. La instalación de una importante línea de gas hacía que la autopista, con una vista majestuosa del Río Grande a nuestra derecha, se redujera ocasionalmente a un carril. De vez en cuando había colocadas señales de aviso, y mientras avanzábamos a paso de caracol por el atasco de coches, veíamos a grupos de operarios con chalecos naranjas y máquinas amarillas que levantaban enormes tubos de acero para colocarlos en su lugar.

—Papá, me aburro —dijo la hija de mi amigo, arrojando el libro al suelo—. ¿Nos cuentas una historia?

—Bueno... hum... —dijo mi amigo. Desde la primera sílaba fue obvio que no tenía una historia a mano. ¿De dónde vendrían? Si pudieras arrancarlas de una rama...

Escuché con paciencia mientras mi amigo y su hija negociaban en un tira y afloja durante un par de minutos, mientras el llanto y la incomodidad aumentaban y el coche se mantenía al ralentí. Me quedé sentado en silencio, tratando de ser educado. Cuando quedó claro que mi amigo no iba a contar una historia, me aventuré a interrumpir.

—Os diré algo —les ofrecí—. Os contaré una historia. Pero tengo una condición...

—¿Cuál?

—No puede gustaros.

Las chicas se rieron. Mi amigo se rio disimuladamente. En caso de que hubiera alguna confusión, mi hija habló.

—Solo lo dice —dijo, sacudiendo la cabeza—. Pero no es de verdad.

—Tú no eres de verdad, —bromeé. Ella puso los ojos en blanco. Me encanta este juego—. Está bien —comencé—, ¿sabéis que Silke siempre cuenta historias sobre gnomos?

—Sí...

Había tenido solo unos instantes para observar lo que me rodeaba mientras mi amigo negociaba con su hija. No tenía un barco de hadas ni un castillo cubierto de musgo. Ni siquiera tenía una muñeca de plástico. Pero tenía tubos de metal. Miles de ellos. Dondequiera que mirases, la tierra estaba levantada. Obreros con cascos llevaban rastrillos y palas, manejaban máquinas y apuntaban antorchas de plasma a enormes tubos de acero para soldarlos en su lugar. No era exactamente el paraíso, pero era lo que teníamos.

—*Bueno* —dije, sin saber aún la historia que estaba a punto de contar—, *un gnomo iba camino de Taos.* —Me lo imaginé: pequeño, rechoncho, con un sombrero puntiagudo—. *Caminaba por la autopista, por esta autopista, y venía a ayudar a la gente a prepararse para la Navidad.* —Silke nos había hablado de estos gnomos navideños a principios de aquella misma semana. Se llaman *wichtels* y aparecen en los cuentos de hadas alemanes para ayudar con las pequeñas tareas domésticas durante las festividades, como cortar leña y limpiar chimeneas. Las chicas sabían esto y el hecho de que los gnomos no debían ser vistos.

»*Caminaba por la cuneta, pegándose a la hierba y a los arbustos para mantenerse escondido, cuando llegó a una enorme pila de barro. Aquello era un desastre. Había tuberías y máquinas por todas partes y todo tipo de herramientas y cosas. Afortunadamente, era fin de semana, por lo que todos los trabajadores estaban en casa. Probablemente estaban haciendo los preparativos para Navidad.*

La larga procesión de coches que venía de la dirección opuesta finalmente se detuvo. El obrero que llevaba en la mano la señal de *stop* la bajó, y comenzamos a avanzar poco a poco.

«*Bueno, el gnomo empezó a caminar a través de todo aquel lío e iba muy lento. Debía subir colinas llenas de barro y no había mucha hierba para esconderse, por lo que tenía que correr de una máquina a otra. Y bueno, eso era mucho esfuerzo*».

»*En un momento dado, llegó un automóvil hasta donde estaba él y el gnomo se dio cuenta de que debía esconderse con mucha rapidez. Pero no había ningún lugar adonde ir. Miró a la izquierda. Miró a la derecha. Luego, tras mirar la enorme tubería de metal que se elevaba por encima de su cabeza, saltó adentro*».

Las chicas rieron. Mi amigo resopló. Para ser sincero, hasta entonces, no estaba muy seguro de hacia dónde iba la historia. Solo estaba diciendo cosas hasta que encontré el equilibrio. Pero ahora que tenía un gnomo en una tubería de metal gigante, comencé a sonreír. Podía sentir la historia.

«*Bueno, allí estaba muy oscuro* —dije sintiéndome más cómodo—. *Miró a su alrededor, tratando de orientarse, pero no pudo distinguir nada.* —A estas alturas ya avanzábamos sin problemas con el coche—. *Finalmente, oyó algo.* —Hice una pausa, como si lo estuviera escuchando yo mismo—. *Ping, pang, ponk, ping, ping... Era difícil saber de qué se trataba, pero sonaba como pequeños trozos de metal golpeándose entre sí, o como... como... un tenedor cayendo al suelo. Ping, ponk, ping...*

«*Los ruidos venían de todas direcciones y parecían llenar la tubería entera. Ping, pang, ponk, ping, ping... Al gnomo le entró un poco de miedo, pero entonces vio algo. Se encendió una luz*».

Hice una pausa.

Negrura. Pequeñas cosas mágicas dentro de cosas reales que no podemos ver. Se enciende una luz. Antes de decirles a las chicas lo que había allí, me habría gustado preguntarles: «¿Qué veis? ¿Qué estáis viendo ahora mismo?». Esto es lo que buscamos. Había cuatro personas en aquel coche, pero cada una veía con sus propios ojos. La historia ahora estaba ligada al mundo real, que veíamos claramente con nuestros ojos reales, pero también provocaba creatividad y visión desde el interior de cada individuo. Además, nos estaba uniendo, éramos un grupo de cuatro. Esa es la magia de la narración.

«Allí, en la distancia —continué—, el gnomo empezó a distinguir algo. No era solo una cosa, eran muchas. Eran... bueno, tal vez fueran cientos. Miles. Ping, ponk, ping. Mientras se acercaba, el gnomo vio que eran cientos de máquinas diminutas. Eran del mismo color que la tubería, casi como si se hubieran formado a partir de ella, pequeños robots con pequeñas ruedas, brazos y palanquitas. Uno tenía un taladro por brazo, el otro tenía un pequeño soldador de plasma. De repente, uno se transformó en una excavadora, apartó algunos trozos de metal y luego se volvió a fundir, con los trozos y todo, en la pared de la tubería.

»“¡Caramba!”, dijo el gnomo, dándose cuenta de que aquellas diminutas máquinas eran las que en realidad estaban construyendo la tubería. Los obreros del exterior estaban... bueno, pensaban que estaban haciendo algo, pero en realidad solo iban de un lado a otro trasteando un poco. Eran estas pequeñas máquinas las que hacían el trabajo de verdad.

»Por fin, uno de los robots se acercó a él y lo miró con sus ojos, que eran dos bombillas, de una manera amistosa.

Abrió un compartimento de su vientre y sacó un plato con queso y galletas. ¡A los gnomos les encantan el queso y las galletas! Y el hecho es que, de tanto caminar, se le había abierto el apetito. El pequeño robot le tendió el plato al gnomo. Este le dio un mordisco. Estaba delicioso».

Nuestro coche empezó a reducir la velocidad, otro operario con una señal de *stop*, el momento perfecto para enfatizar algo más en la historia. Yo estaba tan pendiente como el resto. Las mejores historias, para mí, son las que veo, porque significa que mi imaginación está comprometida. No pienso en ellas. No las ensayo ni las cuento más veces. De hecho, cuando trato de volver a contar una misma historia, por lo general acaba siendo mucho peor. Me gusta dejarme influenciar por mi entorno. Me gusta tejer los árboles y los bordes de las carreteras en mis historias. Cuando lo hago, cuando estoy pendiente, cuando realmente escucho la narración, es como si la tierra en ese momento hablara a través de mí. Las historias simplemente suceden. Solo miro a mi alrededor. Las palabras que digo son en su mayoría solo una descripción de lo que veo, o quizá de lo que me gustaría ver. Puede que haya sido yo quien contara la historia, pero la estaba viendo como todos los demás. Ninguno de nosotros vio lo mismo, pero lo compartimos de todos modos. Ocurrió dentro de nosotros. Yo era simplemente el que hablaba.

«Después de que el gnomo se comiera el queso y las galletas, miró hacia arriba y vio a los robots ociosos a su alrededor. Bajó la mirada hacia el plato, en el que tan solo quedaban unas pocas migajas, y de repente se sintió avergonzado. Se lo había comido todo. Miró hacia arriba con cara de culpabilidad, pero luego vio algo. Uno de los robots agitó su

brazo de manera amistosa, como diciendo: "No, no. Está bien". Se acercó a la pared de la tubería (era una especie de robot andante) y llamó tres veces, ping, ponk, ping. De repente, una gran puerta se abrió como si fuera la de un armario. Allí dentro había incluso más robots, y comenzaron a repartir pequeñas botellas de aceite a través de la puerta. Los robots que acudían las descorchaban y bebían... Glu, glu, glu.

»El primer robot se limpió la boca con la manga. "Ahh", dijo, saciado por aquella deliciosa bebida. Luego todos levantaron sus botellas en un brindis y gritaron: "¡Hurra!" ante el pequeño gnomo. Él sonrió.

»En ese momento, el pequeño gnomo se sintió tan arropado como confuso. Le había sorprendido mucho encontrar a todas aquellas maquinitas en la tubería de metal, y ahora habían sido tan amables con él... Pero mientras miraba a sus nuevos amigos, recordó que todavía tenía que llegar a Taos, y se preguntó cómo lo lograría.

»Uno de los robots, sintiendo sus pensamientos, corrió hacia el costado de la tubería, golpeó dos veces —ponk, ponk—, y se abrió otra puertecita. Apareció un estante sobre el que había un pequeño par de patines. El robot los recogió y se los ofreció al gnomo. Luego le explicó que la tubería iba cuesta abajo en dirección a Taos y que podía recorrer por su interior casi todo el camino.

»"Vaya", pensó el gnomo. "Estos chicos son tan majos...".

»Se puso los patines, miró a sus amigos y casi soltó una lagrimita. Le entristecía decirles adiós. "Ah, no te preocupes", dijo uno de los robots, "siempre estamos aquí. Ven a visitarnos en cualquier momento". Y con eso, el gnomo les dio las gracias y se despidió de todos los allí reunidos. Sabía que volvería a verlos. Los robots se hicieron a un lado y lo vitorearon. Finalmente, alguien le dio un pequeño empujón.

»Al principio, el gnomo se alejó lentamente. Tuvo tiempo para darse la vuelta y saludar una o dos veces, pero pronto comenzó a rodar muy rápido. Bink-bonk, traquetearon los patines al pasar por encima de la soldadura que unía dos tramos de tubería. Bink-bonk, bink-bonk, pasó un tramo tras otro. Le quedaban kilómetros por recorrer, pero aparte de las soldaduras, todo era bastante tranquilo. De vez en cuando, había más robots, pero a medida que se acercaba, se transformaban y se fusionaban con las paredes de la tubería. Una o dos veces se dio la vuelta y miró. Una vez que ya había pasado, los robots salían de las paredes de la tubería de nuevo, y continuaban haciendo lo que fuera que estaban haciendo. El gnomo los saludaba. Ellos lo saludaban. Era increíble.»

Una vez más, los coches que venían en sentido contrario pasaron a toda velocidad, el operario bajó la señal de stop y nuestro coche empezó a moverse.

«Bueno, el viaje por aquella tubería fue largo. El gnomo patinó durante horas, dando zancadas y haciendo piruetas de vez en cuando. Como iba tan rápido, podía patinar de lado por las paredes de la tubería e incluso por el techo, al revés.

»Finalmente, después de mucho rato, entrevió algo más adelante. Una luz. Una luz brillante. Una luz blanca azulada, y un poco verdosa. Y venía rápido.

»Bien, ¿adivináis qué? Ya era por la mañana. El gnomo había estado en la tubería toda la noche y mientras se acercaba al final, comenzaba a apagarse la luz. De hecho, era lunes y los trabajadores regresaban después del fin de semana. Algunos de ellos habían recogido sus palas. Algunos se habían subido a las excavadoras y las grúas, mientras que otros ya habían conectado sus soldadores. Por supuesto, todo esto era completamente innecesario porque en realidad eran los robots de dentro de la tubería los que estaban haciéndolo todo. Pero la gente necesita trabajo, así que...

»Justo cuando el gnomo se acercaba al final de la tubería, uno de los operadores de la grúa la empezó a levantar para poder encajarla con la siguiente. Pero a estas alturas, el gnomo iba demasiado rápido. Más rápido que nuestro coche. De repente, se dio cuenta de que debía detenerse. ¿Cómo lo conseguiría? Iba demasiado deprisa. La luz se acercaba cada vez más. Realmente no había nada que pudiera hacer. Pasó por encima de la última soldadura, bink-bonk, y salió disparado por la abertura.

»¡Pump! El pequeño gnomo salió volando por el extremo de la tubería... hacia el cielo. Durante un segundo, uno de los operarios creyó ver a un hombrecito diminuto con patines saliendo disparado de allí. Se frotó los ojos, parpadeó y luego tomó su taza de café. "Debo de estar cansado", pensó.

»Mientras tanto, el gnomo volaba cada vez más alto en el aire. Iba tan rápido, de hecho, que llegó hasta las nubes. Finalmente, comenzó a reducir la velocidad. Contempló los kilómetros de oleoducto que había debajo, el cielo azul en lo alto, el río que corría junto a la carretera, los automóviles, los trabajadores, las máquinas. Era todo tan hermoso... Durante toda la noche había estado viajando por aquel oleoducto, ganando velocidad. Ahora volaba por el aire como una pequeña bala de cañón de gnomo.

»Bueno, ahí es donde tenemos que dejarlo por un segundo, simplemente colgado en el aire, porque los robots del principio de la tubería sabían exactamente lo que estaba pasando todo el tiempo. No eran tontos. Habían formado un pequeño comité y tres de ellos fueron elegidos para bajarse de la tubería y dirigirse al río. Allí abajo había una garza azul que una vez había intentado hacer su nido en la tubería. Cosa que le resultó imposible, pero basta con decir que, en cambio, logró llegar hasta el río. Mientras tanto, ella y los robots se habían hecho buenos amigos, como había ocurrido con el gnomo. Bueno, los robots le hablaron del gnomo. Navidad, hachas, alemanes, cortar leña, todo eso, y ella voló hacia el norte. Justo cuando el gnomo comenzó a caer de regreso a la tierra, aterrizó sobre un suave manto de plumas. Garzas azules. Saben lo que hacen.

»Bueno, podría contaros más, pero es suficiente saber que el gnomo llegó a Taos. Cortó leña para una familia, pero solo cuando no miraban. Y les lavó los platos por la noche. Se ató esponjas a los pies y patinó para fregar el suelo. A los gatos no les gustaba, pero no podían atraparlo. De todos modos, ese es el tipo de cosas que hacen. Probablemente también en vuestra casa, pero este es el final de la historia. Por ahora.»

Hubo una breve pausa en el coche. Ya habíamos pasado la zona de obras y nos dirigíamos hacia nuestro destino. Farmer's Ron es un lugar mágico, con frambuesas, manzanas y maíz del color del arco iris. No tardaríamos mucho. Finalmente, se rompió el silencio. «¡Ha sido la mejor historia de todas!», gritaron las chicas desde atrás. «¿Puedes contarnos otra?»

Sonreí y dije: «No, ya tenéis bastante con la que os he contado». Me retrepé en el asiento, miré hacia la carretera, con las últimas hojas marrones temblando en los álamos de la cuneta, y sonreí agradablemente cuando las chicas me repitieron que les contara más historias. Insistieron durante uno o dos minutos, pero yo me mantuve firme. Contar historias puede ser espontáneo, salvaje y libre, pero requiere jugo creativo. Pasó solo un minuto o dos antes de que aceptaran que yo no seguiría y comenzaran a contar la historia ellas mismas, esta vez con nuevos giros y vueltas. Mi amigo y yo nos alegramos y sonreímos al oír sus risitas. Así es el ciclo de la narración: una realidad transformada por la historia en una nueva realidad.

2

Sé tú mismo

ALGUNAS PERSONAS son narradoras naturales y seguras. Otras son más tímidas. Algunas cuentan historias épicas, salvajes y llenas de tensión. Otras describen un paseo por la hierba. Otras buscan la risa. Hay un millón de maneras de contar historias, tantas como personas en el planeta, e incluso los narradores individuales variarán ampliamente su manera de contar las historias.

Cuando cuentas una historia, eres tú quien le está dando a tu hijo tu enfoque, tu amor y tu atención. Es cierto que una buena historia puede animarte y llevarte a algún lado, pero quieres estar seguro de que lo que das es auténtico. El objetivo no es una historia perfecta. El objetivo es la conexión. Ser un buen narrador, por lo tanto, consiste principalmente en mostrar y prestar atención. Se trata de ser exactamente quien eres, tanto si eres una estrella de rock famosa como si eres un tranquilo bibliotecario.

En la escuela, a veces nos gusta poner en aprietos a los padres o visitantes pidiéndoles que cuenten una historia. Y casi al instante puedes decir quién se siente cómodo en su piel. Las personas que son simplemente ellas mismas lo hacen mejor. Buscan durante un minuto, luego cuentan una breve historia, tal vez sobre una mariquita, un copo de nieve o algo inusual que le sucedió ese día. Las historias rara vez son increíbles, pero a los niños les encantan. Están interesados en quiénes son las personas. Se dan cuenta cuando alguien está presente. No importa si la historia es un poco corta o extraña. Es real.

Compara esto con los padres, a menudo muy inteligentes, que se devanan los sesos, se muerden los labios y luego se excusan porque no están preparados. No creen que puedan contar una buena historia, por lo que no cuentan nada en absoluto. Todos hemos pasado por eso. Es perfectamente comprensible. Como adultos, perdonamos y olvidamos. Pero el mensaje desde el punto de vista de los niños suena fuerte y claro: no tengo nada que compartir con vosotros.

Los padres que tropiezan a la hora de contar el cuento suelen ser víctimas de la falacia de la gran historia: para ser un gran narrador, tengo que contar una gran historia. No hay nada de malo en una gran historia, por supuesto, pero la búsqueda a menudo resulta ser una labor inútil. Creemos que tenemos que contar la historia más grande y atractiva de todos los tiempos. Pero es fácil sentirse intimidado cuando pensamos en éxitos de taquilla como *Spiderman* y *La Sirenita*. Tememos que nuestras historias nunca estén a la altura.

El objetivo no es
una historia perfecta.
El objetivo es la conexión.

Mientras tratamos desesperadamente de encontrar (o de memorizar) la gran historia, nos vamos fuera de nosotros mismos. Está bien si te funciona, pero si te hace dudar de ti mismo, entonces no está funcionando. Vuelve atrás y cuenta una historia sencilla.

Compartir tus historias significa que debes valorarlas, incluso las más simples. Y valorar tus historias significa que tienes que valorarte a ti mismo. Tienes que creer que vale la pena compartir quién eres, exactamente como eres. Para la mayoría de nosotros, no es una tarea fácil, pero es un mensaje importante que debemos modelar para nuestros hijos. La intimidad de la narración puede ser un gran lugar para bajar la guardia y dejarte ver. Las historias contadas desde esta perspectiva mejorarán el día.

> Cuando una niña dice: «¡Cuéntame una historia!», no está pidiendo una narración, está pidiendo tu atención.

Cuando una niña dice: «¡Cuéntame una historia!», no está pidiendo una narración, está pidiendo tu atención. Cuando eso se da por completo, las historias comienzan a fluir casi sin esfuerzo. Con el tiempo, ese ciclo de comodidad, intimidad e historia construirá tu oficio con mayor rapidez que los consejos de cualquier experto. Ya no verás la narración como una mera repetición de un cuento, sino como el intercambio de una experiencia.

Cuando cuentes una historia desde un lugar de intimidad y autenticidad, tu hijo estará ansioso por regresar a la tierra de los cuentos, pero lo más importante es que tú también. Sin embargo, si nuestras historias van acompañadas de sentimientos interiores de frustración o presión para «hacerlo bien», serán recordadas como experiencias negativas, incluso si la historia sale bien. Contar historias empezará a parecer un trabajo, una tarea. Pero si realmente te remites a quien eres tú, sin ninguna pretensión, tus experiencias serán en gran parte agradables y atractivas. Tus recuerdos estarán llenos de tranquilidad y de paz, tal vez de alegría y de risas, incluso de orgullo, lo que te facilitará regresar a ese escenario y contar nuevas historias, una y otra vez.

Este es tu primer objetivo, incluso antes de contar tu primera historia: sé tú mismo. No puedes contar buenas historias si estás mintiendo. Esta regla es tan fácil, y tan difícil, que hace y deshace a los narradores. No importa si eres una madre de cuento de hadas con trenzas doradas o un conductor de autobús con pantalones grises. Cuenta tus historias. Sé real. Tus hijos te querrán por eso.

A medida que nos volvemos sinceros con nosotros mismos y con nuestros hijos, podemos comenzar a explorar lo que realmente nos brinda alegría y creatividad. Los narradores deben prestar atención a sus horarios y estados de ánimo. ¿Cuándo fluyen las historias con mayor facilidad? ¿Cuándo tenemos ganas de trabajar duro? Está bien decir que no cuando estamos cansados.

Parte de la emoción de contar historias es ver a un narrador cautivado por su propia historia. Nos llama la atención. Reflejamos su entusiasmo. Lo vemos en sus expresiones faciales y lo sentimos en el tono de su voz. Como han señalado Abraham Maslow y psicólogos posteriores, la expresión de la creatividad es esencial para la sensación general de bienestar de una persona. Un buen narrador, por tanto, se enriquece con su propio proceso. Cuenta historias porque le gusta contar historias y valora la intimidad y la conexión que aportan.

★ PRÁCTICA # 2 *Cuéntate una historia a ti mismo*

Tanto si has contado cuentos a niños antes como si es la primera vez, aprovecha la oportunidad ahora para contarte uno a ti mismo. Trata tu historia como si fuera una historia para tu hijo. Elige una hora y un lugar que te resulten cómodos y evita las interrupciones. Busca un objeto o una actividad que te llame la atención, ya sea algo que tienes frente a ti, o algo que te ha ocurrido a lo largo del día, y utilízalo como un puente hacia tu historia. Presta atención si encuentras risas, curiosidad, entusiasmo o tal vez incertidumbre, incomodidad o aburrimiento. ¿Hay algo que puedas hacer para que disfrutes más? En las siguientes horas o días, observa si tienes alguna conexión persistente con tu puente. Intenta repetir esta práctica por la mañana, al mediodía y por la noche. ¿Notas alguna diferencia?

★ PRÁCTICA # 3 *Cuéntale una historia a tu hijo*

Quizá ya hayas comenzado a contarle historias a tu hijo. ¡O tal vez tu hijo todavía no ha nacido! Independientemente de tu situación o experiencia, aprovecha esta oportunidad para contarle a tu hijo una historia utilizando el método descrito en el capítulo 1, «El ciclo de la narración». Elige un lugar agradable y un horario conveniente para que no haya interrupciones.

Empieza por relajar el cuerpo. Encuentra una postura y un lugar que te resulten cómodos. Cierra los ojos si te resulta más natural. En la escuela, con frecuencia contamos historias mientras estamos acostados en el suelo y miramos las nubes. Haz que tu hijo se acueste a tu lado o cerca de ti. Presta atención a tu pecho que sube y baja con tu respiración. Hazte presente en tu entorno, pero no te dejes invadir por él.

Busca un objeto o una actividad que sepas que tu hijo reconocerá y utilízala como un puente hacia tu historia. Presta atención si encuentras risas, curiosidad, entusiasmo o quizá incertidumbre, incomodidad o aburrimiento. Pase lo que pase, déjalo pasar. No te aferres a eso. Solo fíjate y déjalo ir. Luego, comprueba si tu hijo tiene alguna conexión persistente con el puente.

Un pueblo alemán

Silke Rose West

Criada en el desierto del suroeste de Estados Unidos, sabía que mis hijas tendrían una educación muy diferente a la que tuve yo en un pequeño pueblo agrícola de la Alemania rural. Una de las maneras en que mantuve viva nuestra cultura familiar fue contando historias como la que sigue. Me convertí en el personaje principal, la niña. Las historias eran sencillas. Como he dicho, aproveché muchos recuerdos dulces que reconfortaban mi corazón. Mi familia estaba lejos, mi abuela había fallecido, pero las historias nos mantenían conectados. Ese es el don de una buena historia: deleita tanto al que narra como al que escucha. Mis hijas ya son adultas, pero historias como estas todavía cautivan a los niños de mi jardín de infancia. «Háblanos de tu aldea», me piden. Lo que quieren decir es «cuéntanos cosas sobre ti».

★

«Una vez nació una niña en un pueblo de Alemania. Sus padres estaban muy ocupados con las vacas y los campos, por lo que pasaba gran parte del tiempo con sus abuelos, Oma y

Opa, que la adoraban. Todos los viernes, Oma horneaba pan para el domingo, un regalo especial. Al igual que toda la familia, la niña esperaba ansiosa aquel pan, que era dulce y delicioso. Pero un día, Oma no tenía suficiente mantequilla en la casa para hacer el pan especial. "¿Qué haré?", se preguntó.

»La niña sabía que su abuela tendría que hornear el pan de todos modos, así que se ofreció a ir a la tienda. Todavía era pequeña y aún no sabía leer ni escribir, pero tenía la edad suficiente para caminar por el pequeño pueblo hasta la tienda. En el pueblo la conocían todos. Le encantaba hablar, cantar y tararear, y siempre saludaba a los mayores por el camino.

»Oma había escrito una nota: "1 libra de mantequilla". La metió en una bolsa de tela junto con una billetera con dinero para pagarla. "Recuerda que debes apresurarte de vuelta a casa después de comprar la mantequilla. No te entretengas demasiado", le dijo. Oma sabía cuánto le gustaba hablar a la pequeña, pero ella tenía que meter el pan en el horno antes de que sonara la campana de la iglesia al mediodía.

»De camino a la tienda, la niña conoció al fabricante de relojes de cuco. Al anciano le encantaba exponer sus relojes terminados, que estaban tallados como grandes obras de arte. Saludó a la niña desde la puerta de su taller y le dijo: "¡Ven a ver el reloj más nuevo que acabo de terminar!". La niña se detuvo un segundo y luego dijo: "¡Primero debo correr a la tienda, pero me pasaré por aquí de camino a casa!".

»La tienda del pueblo tenía una campanilla especial que sonaba para decirle a la tendera que había llegado un cliente. Después de todo, era su casa y tenía dos hijos que cuidar además del negocio. Ese día, nadie más estaba en la tienda y la niña fue atendida de inmediato. "Así que hoy es día de hacer pan en el horno y tu abuela se ha quedado sin mantequilla, ¿eh?", preguntó la tendera. "Sí", respondió la niña, "y el dinero está en la bolsa", dijo sonriendo. Se sentía muy adulta. La tendera, que conocía muy bien a la familia de la niña, metió la mantequilla en la bolsa con un recibo y el cambio. "Aquí tienes un caramelo", le dijo. "Dile a tu abuela que la tela nueva llegará la semana que viene".

»A la niña le encantaba hacer recados. Siempre recibía un regalo y se sentía muy orgullosa de poder hacer sus propias compras, aunque solo tenía cinco años.

»El fabricante de relojes de cuco todavía estaba esperando fuera de la puerta del taller.

»—Mira —dijo—, ¡aquí está! —Había sacado el reloj a la calle, y la niña contempló el hermoso trabajo hecho a mano.

»—¡Tienes mucho talento! —dijo ella. El anciano sonrió—. Ahora debo ir enseguida con Oma. ¡Le hablaré del nuevo reloj!

»La niña saludó con la mano y corrió por el camino. El anciano sonrió de nuevo. Le gustaban los niños que se tomaban el tiempo de admirar su trabajo. La mayoría de los adultos estaban demasiado ocupados.

»Oma tenía el fuego encendido, todo estaba listo. Rápidamente tomó la mantequilla y la mezcló con la harina, la leche, los huevos y la levadura. Sus manos trabajaban con mucha facilidad. A pesar de que llevaba un delantal viejo y sucio, a la niña le parecía una verdadera reina.

»El pan del domingo era taaaan bueno... Los días de la semana el pan era denso y oscuro, pero el pan del domingo era blanco, suave y dulce. A la niña le gustaban los domingos, después de todo, ese era el día en que nació.»

3

Empieza simple, empieza pronto

EL MOMENTO IDEAL para comenzar a contar historias a tus hijos es cuando tienen tres o cuatro años de edad. Hay una buena razón para comenzar antes, pero si no lo has hecho, tampoco será necesario que te pongas mucho al día. A la edad de cinco años, un niño a menudo tiene más dificultades para adaptarse a eso que siente como un cambio repentino y un nuevo ritmo. Esto se intensificará si el niño está acostumbrado a historias muy estimulantes a través del cine y de la televisión. Puede resultar muy gratificante comenzar a contar historias el primer día de la vida de tu hijo (o incluso en el útero), pero a la edad de tres o cuatro años, la mayoría de los niños todavía están lo suficientemente unidos a sus padres como para entrar fácilmente en la intimidad de la hora del cuento, aunque sea una experiencia nueva para ellos.

Pero hay una razón mejor para empezar a contar historias a una edad temprana: tú. La narración, de la manera en que la abordamos en este libro, se fundamenta en la relación entre tú y tu hijo. Como narrador principiante, te resultará más fácil comenzar cuando tu hijo todavía se quede satisfecho con historias simples. La práctica y la intimidad que crees en estos primeros años se volverán más complejas a medida que tu hijo crezca. En otras palabras, tu arte de contar historias madurará naturalmente a medida que tu hijo también madure. Además, dado que tu hijo se habrá acostumbrado a las narraciones desde una edad temprana, en un ambiente de intimidad y comodidad, no tendrá dificultades para diferenciarlas de los tipos de historias que encontrará en la televisión, en el cine, etc. Y las preferirá en muchos contextos. En cualquier caso, no habrá mucha necesidad de comparar, porque tanto tú como tu hijo reconoceréis y sentiréis las diferencias.

Las historias para bebés o niños pequeños deben ser muy breves y simples. El juego de esconder la cara detrás de las manos es la primera historia de conexión, que simplemente dice: «Te veo, te amo. ¡Te he descubierto y eres el regalo más preciado!». A medida que una niña crece y comienza a descubrir su propio cuerpo, la historia crece con ella. Utilizamos nuestras manos para fingir que un hombrecito está subiendo una colina (el brazo de la niña), busca una campana (la oreja) y un sonajero (la nariz). Estas historias de descubrimiento ayudan a la niña a sentirse feliz en su propio cuerpo y a conectarse con el cuidador a través del tacto suave. La repetición y las frases cortas son la clave. Jugar a «palmas palmitas» es otro ejemplo clásico.

Una niña que ha comenzado a gatear, ponerse de pie y explorar su mundo está lista para historias cortas sobre objetos. «Había una vez una piedrecita que dio un salto muy grande y entonces, ¡plop!, cayó al río». Tales historias, cuando van acompañadas de los movimientos de la mano, el movimiento de la piedra y el chapoteo del agua, pueden ser muy interesantes tanto para los padres como para la niña. A menudo, querrá escucharlas una y otra vez e interpretar partes de la historia ella misma.

Alrededor de los dos años, se puede incluir un elemento de riesgo, por ejemplo: «Un niño se alejó de su madre y se acercó a un gran árbol. Miró hacia atrás y ¿qué vio? ¡Oh, un oso! Rápidamente, volvió corriendo a casa con su madre». Un niño a esta edad aún no está preparado para la complejidad de los peligros y de las tramas de las historias modernas, así que hazlo simple.

Al tercer año de vida, un niño forma amistades y está listo para dar pasos vacilantes lejos de su madre o de su padre, y la historia crece. Ahora el niño que se acercó al árbol encuentra a un amigo en el oso, y juntos emprenden un breve viaje, cruzan un puente, suben una montaña para acostarse en un prado soleado. Cuando el sol se prepara para irse a la cama, bajan rápidamente de la montaña, cruzan el puente y llegan sanos y salvos a casa. Con el tiempo, agregamos más complejidad, más amigos, más emoción. Al participar regularmente en la narración, la evolución discurre sin esfuerzo. No tendrás problemas para seguir las señales de tu hijo y viceversa.

Aproximadamente a la edad de cuatro años, a veces antes, un niño se despierta a los personajes complejos y los desarrollos de trama que normalmente asociamos a las historias entretenidas. También se muestra ansioso por incorporar tramas y personajes a su juego cada vez más sofisticado y autodirigido. Este es el tipo de historias que enfatizamos en este libro. Cuando se utilizan bien, estas historias son una de las herramientas para padres más poderosas disponibles —para calmar, entretener, enseñar y mucho más—, porque extraen fuerza del ciclo de intimidad que hemos elaborado durante años.

A los cuatro años de edad ocurre algo único en el desarrollo. Los psicólogos lo llaman «teoría de la mente». El experimento clásico consiste en un pequeño espectáculo de marionetas en un laboratorio. Se lleva a un niño pequeño a una mesita donde un miembro del equipo usa un títere o un muñeco para colocar una golosina pequeña debajo de una caja. «Para más tarde», dice. La marioneta luego abandona el escenario. Una segunda marioneta aparece después de esto, quita la golosina, vuelve a colocar la caja en su lugar y abandona el escenario. Todo esto sucede bajo la atenta mirada del niño. Finalmente, el primer títere regresa, pero antes de abrir la caja, el miembro del equipo le pregunta al niño: «¿Qué crees que espera encontrar el títere?». Hasta los cuatro años, la mayoría de los niños responderán: «Nada».

La teoría de la mente es una manera complicada de decir «el punto de vista de otra persona». Los niños pequeños no son completamente capaces de distinguir el punto de vista de otra persona. Es posible que comprendan que la madre o el padre son diferentes, pero todavía no son completamente capaces de intuir lo que está pensando la madre o el padre, o que sea diferente de lo que está pensando él mismo. En el ejemplo anterior, el niño no puede abstenerse de atribuir al primer títere conocimientos que no tiene. Esto cambia alrededor de los cuatro años, cuando el cerebro en desarrollo del niño adquiere plena posesión de esta notable herramienta humana. A partir de ese momento, al igual que nosotros, la respuesta suele ser «Una sorpresa».

Las historias son una de las herramientas para padres más poderosas disponibles: para calmar, entretener, enseñar y mucho más.

Como adultos, damos por sentada la teoría de la mente, por lo que apenas reconocemos lo que es no tenerla. Entramos en una tienda de comestibles e instantáneamente atribuimos intenciones al empleado detrás de la caja registradora, el hombre que sostiene una manzana en la sección de productos agrícolas, las dos mujeres que charlan en el pasillo, los niños hurgando a su lado y la pareja de ancianos que ahora se dirigen a la puerta de salida de la tienda. Algunos científicos argumentan que un puñado de animales muestra una forma rudimentaria de teoría de la mente, pero en la comunidad científica no hay duda de que los humanos la poseen con distinta sofisticación.

Curiosamente, también es alrededor de los cuatro años cuando los secretos comienzan a afianzarse en la mente de un niño. La mayoría de los niños de dos o tres años prometerá sinceramente guardar un secreto, y a continuación se lo revelará a su madre o a su padre, por lo general con poco sentido de que ha roto un tabú, a menudo para irritación de los hermanos mayores. Las mentiras también son más comunes en un niño de cuatro años que en uno de tres. Todos estos fenómenos surgen debido a la teoría de la mente, el dispositivo cognitivo utilizado para estimar la intención, el conocimiento o la perspectiva de otro ser humano o animal. Hace que las historias cobren vida con una complejidad tentadora.

Las historias son una de las principales maneras en que ejercitamos la teoría de la mente.

Las historias son una de las principales maneras en que ejercitamos la teoría de la mente. Al seguir a personajes distintos, con puntos de vista distintos, nos entrenamos para ver el mundo real a través de una variedad de lentes cada vez más amplia. Provocamos un significado que trasciende el del protagonista, o el nuestro. Esta es una de las razones por las que las historias siguen siendo atractivas para nosotros cuando somos adultos. Naturalmente, buscamos tramas y personajes cada vez más ricos porque eso nos da perspectiva.

Es importante recordar que los cuatro años son solo un marcador, al igual que todas las recomendaciones de edad en este capítulo. Algunos niños se desarrollan un poco antes, otros un poco después. Sin embargo, utilizar los cuatro años de edad como un hito nos ayuda a comprender por qué establecer una rutina de narración de cuentos a los tres o cuatro años de edad conduce más fácilmente a un viaje narrativo largo y exitoso con tu hijo. Si te perdiste los primeros años, no tendrás muchos problemas para ponerte al día con tu hijo de cuatro años. Pero un niño de cinco o seis años es un animalito sofisticado que es más difícil de atrapar.

Si estás leyendo este libro y tu hijo ya tiene cinco años o más, no te preocupes. Todavía tienes años por delante para contar historias. Pero en este caso, debes estar listo para comenzar a trabajar. Aconsejamos dos cosas. Primero, repasa el capítulo 2, «Sé tú mismo». Al igual que presentar una nueva rutina a tu hijo, contar historias requerirá un poco de valor al principio. Soportarás ese cambio mejor no pretendiendo ser algo que no eres, sino sintiéndote seguro de ti mismo tal como eres. En segundo lugar, consulta el capítulo 5, «Elementos de trabajo». En él describimos algunas de las prácticas clave que hacen que las historias resalten y brillen.

Cerca del sexto año de vida, se puede introducir un peligro real. Esta es la época de los cuentos de hadas, las brujas que se comen a los niños y los monstruos del bosque. Antes de eso, suele ser demasiado aterrador luchar solo contra la bruja o el monstruo. Ahora, un niño puede estar ya preparado, quizá con un poco de ayuda de un amigo del bosque, tal vez un ratoncito al que da de comer a lo largo del camino.

Algunos niños se sumergen directamente en historias como esta, pero muchos las temen, al igual que temen los desafíos que conlleva el crecimiento. Las historias pueden ser una buena manera de enfrentarse a esos desafíos y ayudar al niño a confiar en que terminará bien.

En resumen, sugerimos comenzar a contar historias lo antes posible, incluso antes de que el niño comience a reconocer palabras. Esto ayuda a establecer el tono para tu hija, pero lo más importante, para ti. De esta manera, tu oficio se desarrolla lentamente junto con tu hija. En la infancia, las historias se centran en el propio cuerpo de la niña. A medida que se desarrolla, las historias se trasladan a objetos simples a su alcance. Siguiendo las señales de nuestra hija, progresamos lentamente a historias sobre madre o padre e hija, luego una hija sola o con una amiga, hasta que alrededor de los cuatro años está lista para aventuras complejas con múltiples personajes y riesgos ocasionales. Si hemos seguido esta progresión con ella, estaremos perfectamente cómodos contando historias con niveles cada vez mayores de sofisticación. La intimidad que hemos generado a lo largo del camino hará que valga la pena, y nuestra hija no dudará en descansar en nuestros brazos y escuchar una historia incluso cuando se acerca a la adolescencia.

★ PRÁCTICA # 4 *Plenitud*

En este ejercicio, te pedimos que explores el mundo a través de los ojos de una niña de tres años que aún no ha desarrollado la «teoría de la mente» de múltiples perspectivas. En esta historia, la niña lo ve todo como parte de sí misma: su madre, su padre, el río, el sol. La niña siente la alegría de una flor o la tristeza de una tormenta como si fuera su propio cuerpo. Si tu hija o hijo es mayor, puedes enmarcar la narración como una historia sobre una niña curiosa que no puede diferenciar entre sí misma y el resto del mundo. Si tu hija o hijo es muy pequeño, puedes contar la historia en voz baja mientras se duerme. En cualquier caso, trata de abrir tu mente a cómo sería experimentar el mundo como una totalidad en tu propio ser.

El primer paseo del osito

Silke Rose West

Las historias del osito son una de las maneras más comunes de que los padres inicien la narración. Con la misma facilidad podría ser un pequeño zorro o una ardillita, pero siglos de narraciones revelan la particular inclinación de la naturaleza humana por el osito. Esta historia está destinada a un niño de dos o tres años.

★

«Una vez hubo una Mamá Osa. Vivía en una cueva cerca de una gran montaña. Papá Oso había ido a pescar. Era primavera y muchos peces nadaban río abajo. Mamá Osa estaba dando a luz a su pequeño cachorro, y cuando lo vio se llenó de alegría y le lamió el pelaje hasta que estuvo bien hermoso y limpio.

»Cuando Papá Oso regresó, vio al hermoso Osito y le dio a Mamá Osa un gran abrazo y un enorme pez. Mama Osa necesitaba comer mucho para poder alimentar a su pequeño.

»Papá Oso estuvo ausente durante mucho tiempo y Osito ya había crecido lo suficiente como para conocer el camino hacia el río. Se fue por el sendero, pero se había olvidado de decirle a Mamá Osa adónde iba. De repente, Osito se dio cuenta de que estaba perdido y se echó a llorar. Una mariposa se acercó y se sentó en su nariz, y se animó enseguida. En la copa del árbol había un búho viejo que se sobresaltó por los gritos de Osito.

»—U-uuuu, ¿a quién estás buscando? —dijo Búho.

»—Estoy buscando a Papá Oso —dijo Osito—, pero no puedo encontrarlo y no sé cómo volver a casa.

»—Ah, Osito tontito —respondió Búho—, Mamá Osa ya sabe dónde estás.

»Osito se volvió y allí estaba Mama Osa con una mirada cómplice. Había seguido a Osito sin hacer ningún ruido. Osito la llamó.

»—¡Solo quería encontrar a Papá Oso!

»—Lo sé, aquí viene —dijo mamá.

»Papá Oso venía por el sendero desde el río con una gran trucha en la boca. Se dieron un gran abrazo de oso y compartieron el delicioso pescado.

»—¿Puedo ir contigo la próxima vez? —preguntó Osito.

»—Ya veremos —dijo Papá Oso—. Hay que tener mucha paciencia.

»—Tal vez podríamos ir los tres juntos —ofreció Mamá Osa. Osito sonrió. La mariposa voló alrededor de la familia feliz y el búho ululó las buenas noches, a pesar de que era mediodía.

»Fin.»

4

Establece un ritmo

L A NARRACIÓN REQUIERE práctica. No se trata de hacerlo bien, se trata de hacerlo con
regularidad y luego adaptarse a lo que funcione para ti
y tu hijo. En este capítulo, abordamos varios temas diferentes relacionados con el tiempo. Lo primero que
hay que hacer es establecer una práctica diaria, semanal
o periódica. Elige un horario que sea realista. Como
principiante, esto te ayudará a mantenerte comprome-
tido. A medida que desarrolles tu oficio, tu ritmo hará
el 80 % del trabajo por ti, porque tú y tu hijo os presen-
taréis en el lugar y en el momento familiares preparados para escuchar. La hora de dormir es una opción
obvia. En la escuela contamos historias después del almuerzo. A los padres que trabajan les puede resultar
más fácil contar una historia los sábados o los domingos por la mañana.

A medida que
desarrolles tu oficio,
tu ritmo hará el 80 %
del trabajo por ti.

No importa la hora, es útil establecer un lugar particular para la narración, tal vez un árbol, un sofá o una cama. También puede ser bueno tener previstas una serie de acciones, como lavarse los dientes y ponerse el pijama, previas al cuento antes de dormir. Esto ayuda al niño a anticipar. Lo más importante de todo es el uso de una frase corta o una canción al principio y al final de cada historia. Hay una razón por la que muchos cuentos para niños comienzan con «Érase una vez...». Es el escenario. Con el tiempo, un narrador experimentado puede llamar a sus hijos al país de los cuentos tan prediciblemente como Pavlov podía abrir el apetito de sus perros con un silbato. De esta manera, las rutinas que establecemos son en sí mismas el puente que nos lleva al mundo de la historia.

La señal o rutina verbal puede ser de particular importancia en entornos desconocidos, como aeropuertos, automóviles o incluso situaciones traumáticas y peligrosas. La ansiedad o el miedo de un niño a veces necesitan una reorientación. Contar una historia puede ser una manera excelente de presentar la comodidad y la intimidad del hogar en situaciones difíciles y dejar de pensar en el evento estresante. Un niño calmado es igual a un padre calmado, y una buena historia puede parecer que casi salva vidas en ciertas situaciones. Si alguna vez has estado en una situación de ansiedad con tu hijo, después de una pesadilla, una lesión o un accidente automovilístico, es posible que ya tengas una idea de esto. La historia tiene la capacidad de captar nuestra atención y mantenerla en un lugar seguro, por lo que no reciclamos interminablemente el trauma. Al usar una señal verbal regular, podemos ayudar a que un niño se traslade rápidamente a ese lugar memorable de comodidad, a menudo con mayor facilidad que si simplemente comenzamos la historia en sí. ¿Cómo llegamos a eso? Práctica regular.

Un maestro que conocemos canta una canción muy corta sobre unos marineros que se suben a un barco y zarpan. No son más de veinte segundos, pero establece un escenario encantador para la historia mientras nosotros, los oyentes, nos imaginamos a los marineros subiendo al barco y partiendo hacia mar abierto. La melodía nos lleva allí. Entonces comienza la historia. Al final, repite un antiguo cierre, «...y colorín colorado, este cuento se ha acabado», una alternativa a «felices para siempre».

En nuestro caso, uno tiene varios métodos introductorios, pero más comúnmente usa el clásico, «Érase una vez...». También tiene una canción muy anticuada con monos masticando tabaco y patos haciendo cuac-cuac, que es tan políticamente incorrecta como para captar la atención de todos. El otro, como muchos padres, es un poco más burlón. A menudo comienza sus historias con una frase simple y un encogimiento de hombros. «Está bien, contaré una historia. Pero no puede gustaros. No podéis reíros, ni siquiera sonreír».

Elijas lo que elijas, encuentra algo que te resulte natural. Hay mucho espacio para la variedad. La sencillez es la regla. Si eres constante, verás que una frase de tres palabras o incluso una breve melodía o un tono pueden preparar el escenario rápidamente. Si no lo crees, considera lo que el zumbido o el tono de llamada de tu teléfono le hace a tu estado de ánimo en cuestión de segundos.

Algunos padres creen que no tienen tiempo suficiente para contar historias. La vida ya está llena hasta las cejas. No podemos agregar una cosa más. Todos nos enfrentamos a estos desafíos, pero una vez que reconocemos que la narración es una herramienta que genera intimidad e inspira un juego productivo, es posible que descubramos que es una estrategia para ahorrar tiempo, no un complemento.

Hemos visto tantas veces que esto funciona, tanto en casa como en la escuela, que no podemos enfatizarlo lo suficiente: contar historias construye intimidad (es decir, armonía), liberando mucho tiempo que de otra manera se dedicaría a negociar o a manejar comportamientos difíciles.

> La narración crea intimidad (es decir, armonía), liberando mucho tiempo que de otra manera se dedicaría a negociar o a manejar comportamientos difíciles.

En el día a día, los tiempos de transición, en particular, a menudo son eventos estresantes, como prepararse para la escuela o volver a casa del trabajo. En estos momentos, los padres a menudo tienen muchas cosas en la mente y la atención distraída que les damos a nuestros hijos a veces conduce a irritación, mala conducta o arrebatos. Contar una breve historia en esos momentos puede ser una manera única y útil de unir a la familia y, a veces, cinco minutos es todo lo que se necesita. Saludar a un niño con solo cinco minutos completos de presencia sin distracciones al poco de entrar por la puerta después del trabajo puede reemplazar los treinta o sesenta minutos que, de otro modo, se tardaría en calmarlo y en conectar con él. También puede ayudarnos a relajarnos. Después, a menudo es muy fácil para un niño realizar sus propias tareas, liberando a los padres para que hagan las suyas. Todo el mundo se siente visto y toda la casa respira mejor.

¿Qué pasa con los horarios de entrega y recogida en la escuela o en las citas para jugar? ¿Alguna vez has tenido dificultades para llevar a tu hijo hasta el coche? ¿Qué pasaría si tuvieras una historia especial que solo contaras una vez que ambos os hubierais puesto el cinturón de seguridad? Podría ser algo que solo vosotros dos conocéis (¡un secreto!) tal vez una aventura en curso, narrada lentamente durante varias semanas, dos minutos cada vez. Historias como esta le dan a un niño algo que esperar, en lugar de verlo solo como el final del tiempo de juego, y reemplazan los sobornos de juguetes o dulces con algo real: intimidad y conexión. La historia es un buen puente en estos momentos porque evita el enfoque similar a una entrevista de preguntas tipo: ¿Qué hiciste hoy en la escuela o en el trabajo?, y convierte el momento en algo que se comparte. La verdad es que a menudo no queremos repetir lo que sucedió antes. Queremos crear intimidad. Para muchos niños y adultos no es fácil que alguien golpee la puerta y nos preste demasiada atención directa. Nos gusta un poco más lento, un poco más suave, un poco más lateral. Contar historias es como envolver tu saludo en un globo grande y suave. Si tenemos una rutina establecida, los momentos de transición estresantes pueden volverse profundamente reconstituyentes. De esta manera, contar historias no te parecerá algo que estás obligado a hacer.

★ PRÁCTICA # 5 *Érase una vez*

Elige una frase, canción o rutina para comenzar tu siguiente historia. Asegúrate de que sea fácil y que se pueda recordar bien. También puedes experimentar contando historias en diferentes momentos del día y en diferentes lugares para ver qué te conviene más. No existe una receta perfecta, pero trata de prestar un poco de atención a las maneras en que comienzas y terminas tus historias. Es posible que descubras que te ayuda a ti, no solo a tu hijo, a establecer un estado mental tranquilo y receptivo. Presta atención a lo que funciona. Deja ir lo que no.

★ PRÁCTICA # 6 *El conflicto*

La próxima vez que surja una situación estresante en tu hogar, intenta contar una historia. Necesitarás agallas. Pero antes de que se desate el infierno, agita los brazos y llama la atención de todos los presentes. Entonces empieza a contarla. Ni siquiera tienes que saber a dónde irá. Si puedes recordarlo, coloca uno o dos puentes en tu historia que todos reconozcan, pero no pasa nada si tu historia no tiene nada que ver con el momento. Dos o tres minutos es todo lo que necesitan nuestros pulmones y corazones para calmarse. La historia no resuelve el conflicto, pero crea intimidad. La intimidad compartida es una influencia positiva que puede ayudarnos a relajarnos un poco, para que podamos regresar y resolver el conflicto con mayor facilidad. En estas circunstancias, las historias realmente malas y torpes a veces son particularmente útiles. Son tan malas que son ridículas. Reír, aunque no quieras reírte, es reconstituyente. Si tu hijo pequeño tiene rabietas, prueba con esto. Si tienes una esposa o un esposo que llega a casa con los ojos vidriosos, prueba con esto. Las historias proporcionan un lugar de encuentro, no una zona para examinar el conflicto.

La tortuga que no quería llevar su casa a cuestas

Silke Rose West

«¡Maestra, estoy cansado! ¡No quiero llevar la mochila!», se quejó el niño de cuatro años. A menudo hace eso los lunes cuando debe regresar a la escuela. Íbamos de camino a Happy Canyon, pero ese día todo estaba resultándoles difícil a los niños. El cielo estaba muy nublado y el aire frío, pero sabía que el niño solo necesitaba un poco de atención y seguiría caminando. Nos detuvimos bajo un pequeño árbol de hoja perenne rodeado de barro y nieve.

»Bueno, sentaos, niños, y escuchad», les dije. «¿Alguna vez habéis escuchado la historia de la tortuga que no quería llevar su casa a cuestas?». Ni siquiera yo la había escuchado nunca, pero comencé a ver cómo se desarrollaba la historia ante mis ojos. Los niños me miraron, un poco curiosos, contentos de descansar un poco.

«Érase una vez una tortuguita que caminaba detrás de su madre tortuga. La tortuguita estaba cansada de ser

una tortuga y de tener que cargar con su casa a la espalda.

»—Mamá —dijo—, no quiero ser una tortuga. ¿Por qué no puedo ser un ciervo o una mofeta? Así no tendría que cargar con un peso tan grande. Podría ir al bosque y correr libre.

»—Oh, mi pequeña —respondió la querida madre tortuga—, con el tiempo lo entenderás. ¿Te gustaría ir a ver algo grande, feroz y peligroso?»

Al niño que se había quejado de su mochila le encantaba luchar contra monstruos y ser considerado un guerrero feroz y astuto.

»—Oh, sí —respondió la tortuguita.

»—Bueno —dijo la madre—, solo puedo llevarte allí si llevas tu casa a cuestas.

»—Está bien —asintió la pequeña, y lentamente siguió a su madre hasta el lugar donde deambulaban los gatos monteses. La madre no le temía al gato montés. Había tenido muchos encuentros antes y sabía que su caparazón le servía de gran protección.

»Con las patas firmes y confiada, abría el camino y la tortuguita caminaba detrás de ella. Mientras tanto, el gato montés Bob se alegró de poder comer un poco de carne tierna y se abalanzó sobre la tortuga madre tan pronto como la vio. Rápidamente, ella escondió la cabeza y las patas dentro de su casa y esperó con toda la paciencia del mundo. La tortuguita siguió el ejemplo de la madre, y aunque Bob también se abalanzó sobre la tortuguita e incluso la arrojó al aire, esta estuvo a salvo todo el rato. La lengua de Bob lamió la nariz de la tortuguita, pero ningún diente pudo atravesar el duro caparazón.

»—¡Estoy tan contenta de tener mi casa a mis espaldas para protegerme! —dijo.

»Entonces el gato montés Bob gritó:

»—Bueno, ni siquiera me gusta la carne de tortuga. Me voy a cazar un ciervo o una mofeta. ¡No tienen caparazones tan duros y estúpidos!

»Tras un corto silencio, la tortuguita asomó la cabeza y le dijo a su madre tortuga:

»—¡Estoy tan contenta de tener una casa que me protege, aunque tenga que cargar con ella!

»—Lo sé, pequeña. ¡Yo también!»

Esta breve historia nos brindó un momento para descansar y redirigió nuestra atención de una manera amorosa y compasiva. El niño no fue señalado, pero se sintió comprendido. Después, seguimos caminando sin quejas. Las quejas, caminar, la mochila: esos fueron los puentes hacia nuestra historia. Como los niños estaban acostumbrados a los cuentos en esas situaciones, y en otras, para cuando terminé de decir «¿Alguna vez habéis escuchado la historia de...?» ya tenía la atención de todos, sin exigirla.

Los animales pueden ser unos maravillosos asistentes en estas historias. Ayudan al niño a mantener una distancia segura y a no sentirse amenazado. Si el vínculo de la historia es demasiado directo, como «Había una vez un niño que no quería cargar su mochila», entonces el niño puede sentirse señalado y no escuchará con libertad. El final de la historia proporciona un resultado feliz que ayuda al oyente a sentirse animado con la difícil tarea que antes había sido un obstáculo. Este es el ciclo de la narración: una situación real que ha conducido a una historia imaginativa, que ha ayudado a darle un nuevo significado y propósito a la realidad.

5

Elementos de trabajo

ESPERAMOS que sientas una renovada confianza en tus habilidades narrativas. Es algo que está muy dentro de ti. Es tu derecho de nacimiento como ser humano. Y así como no hay razón para dejar de correr porque otro haya ganado la Maratón de Boston, tampoco hay razón para dejar de contar historias simplemente porque otro haya hecho una película de éxito. El objetivo no es obtener un trabajo en Pixar, es obtener una conexión con tu hijo.

Ahora que ya tienes una base narrativa en la que apoyarte, en este capítulo te presentamos una serie de herramientas clásicas para construir historias con éxito. Con el fin de aportar algunas conclusiones útiles, hemos dividido este capítulo en cuatro secciones: «Un gran mundo lleno de pequeñas cosas»; «Color, forma y textura»; «Marionetas y accesorios»; y «Desarrollo de un tema». Te proporcionamos ejercicios de práctica para cada sección y un ejemplo de historia al final para unirlo todo.

Un gran mundo lleno de pequeñas cosas

Una de las técnicas de narración de historias con más éxito de todos los tiempos es unir escenarios simples y mundanos y personajes diminutos. Encontramos esto en historias clásicas como *El zapatero y los elfos*; *Cariño, he encogido a los niños*; *Los viajes de Gulliver*; *Horton* y muchas más. (El ejemplo de historia del capítulo 1, que presenta al gnomo en la tubería de metal, también es una buena muestra de ello). Hadas, elfos y trols llenan las páginas de la literatura clásica y están experimentando un renacimiento en la actualidad. Junto con la personificación de los animalitos, los seres pequeños en un mundo exuberante representan una enorme riqueza para la literatura infantil. Utilízala a tu favor.

Sin embargo, no a todo el mundo le gustan las hadas. El énfasis de esta sección, como de este libro, es ayudar a llamar la atención de un niño sobre un objeto o evento dado para descubrir la imaginación y la creatividad en su interior. Una de las maneras más seguras de hacerlo es contar una historia sobre un pequeño gnomo que vive dentro de una piedra, esa piedra, y luego describir cómo es por dentro. Pero también podemos contar una historia sobre hormigas que se despiertan y van en trineo en invierno. Se sabe que las bacterias bajan en patinete por los hoyuelos de las naranjas, y la historia de una secuencia de ARN que salió irremediablemente mal no es tan diferente a *El aprendiz de brujo*. Si somos religiosos, podemos encontrar pequeños ángeles (o demonios) en todo tipo de cosas.

Cualquiera que sea la lente en particular, al mantener la historia dentro de un objeto o lugar que es reconocible, el ciclo de la narración nos da la oportunidad de dirigir el enfoque de un niño y ayudarlo a aprender. Un niño fascinado por el funcionamiento de unos hombres diminutos dentro de una piedra no solo se divertirá con la historia, sino que también descubrirá muchas cosas reales sobre esa piedra tan real. Una historia sobre pequeños habitantes del agua que se acumulan en las nubes y luego caen con la lluvia, solo para evaporarse de nuevo y «elevarse» al cielo puede ser una manera mucho más atractiva de enseñar a un niño pequeño el ciclo del agua que una lección fáctica. Un narrador con talento puede utilizar esta simple estrategia para dirigir la atención de un niño y despertar su curiosidad sobre casi cualquier cosa.

★ PRÁCTICA #7 *Encuentra algo pequeño y hazlo grande*

En este ejercicio, te invitamos a encontrar un objeto de tamaño pequeño o mediano. Este será el puente en tu historia, así que asegúrate de seleccionar algo que tu hijo reconozca. El desafío es describir cómo es por dentro o con un extraño cambio de escala, como lo describirían las personas diminutas, las hadas, los insectos, etc., que viven allí. Un ejemplo podría ser un globo terráqueo que, para un gusanito diminuto, fuera en realidad el mundo entero, por cuyos océanos podría salir a navegar. Podría ser tu televisor y lo que hacen en su interior los personajes del programa que acabáis de ver cuando apagáis el aparato. Podría ser un ratón en tu armario o una ardilla en el tronco de un árbol.

Color, forma y textura

Una historia cobra vida cuando está llena de colores, olores, sonidos y texturas. El lenguaje descriptivo ayuda a atraer y retener la atención de tu audiencia.

En la conclusión de su libro *On the Origin of Stories*, el teórico evolucionista Brian Boyd enfatiza la importancia que ha tenido la atención a lo largo de la evolución humana. Como criaturas sociales, dice, competimos constantemente por la atención de los demás de maneras tanto sutiles como burdas. Aquellos que atraen la mayor cantidad de atención tienden a ser socialmente dominantes. Pero el dominio social (en otras palabras, el respeto) es más elegante que contundente, y podemos utilizarlo en nuestro beneficio. La sorpresa, el color, la acción, el cambio de ritmo y los cambios repentinos en una historia resultan ser maneras importantes no solo de atraer la atención de una persona, sino de retenerla.

> Al contar una historia, formentas que el niño deambule por su propia imaginación.

Una historia escrita se vuelve sospechosa cuando todas las frases comienzan con «de repente». No es así para la narración oral. Para crear historias atractivas, necesitamos renovar constantemente la atención de nuestra audiencia. Eso significa que necesitamos acción y que sucedan cosas curiosas. En un mundo en el que los padres compiten con las habilidades narrativas de los directores de cine y de los creadores de películas de animación, nuestras historias deben tener chispa. Afortunadamente, la imaginación lo pone fácil.

Al contar una historia, fomentas que el niño deambule por su propia imaginación. Al darle colores, sabores y texturas, la historia y su imaginación se convierten en lugares más ricos y atractivos para estar. Si tu personaje se mete en un río, tómate un momento para decir si hace frío o calor, pero no te demores demasiado en descripciones extravagantes. Cambia tu ritmo. Considera la emoción anticipada de tu personaje al mojarse los dedos de los pies, luego las pantorrillas, la parte posterior de las rodillas, los muslos y la cintura, el momento insoportable en que el agua se eleva por encima del ombligo y luego llega a los hombros, el cuello, los labios, la nariz, los ojos, la frente... Dios mío, ¿le ha llegado el agua hasta allí? ¡Entonces se ha sumergido por completo!

Al dibujar momentos como este, o al hacer que las cosas cambien repentinamente, junto con todos los colores y sonidos, le damos al niño la oportunidad de sumergirse completamente en su propio mundo imaginativo. Y debido al ciclo de la narración, le damos una oportunidad adicional: llevar esa emoción e imaginación al mundo real.

★ PRÁCTICA # 8 *Entra en la cueva*

Las cuevas ocupan un lugar destacado en muchas historias. Representan algo oscuro y misterioso. Encuentra un puente en un personaje, un evento o un lugar. Lleva a tu personaje al interior de la cueva y deja que todo se vuelva negro. En el fondo, cerca del final, hay una luz diminuta. Puede haber algún sonido. Camina hacia él. De repente, encuentras que todo está iluminado. Describe con fantástico detalle exactamente lo que ves. Si da miedo, asegúrate de que haya alguna solución. Si es hermoso, tómate un momento para disfrutarlo. Independientemente de lo que suceda, haz que tu personaje vuelva a la luz del día cuando haya terminado.

Marionetas y accesorios

El tema de los títeres necesitaría su propio libro. Lamentablemente, la mayoría de los libros sobre marionetas suelen tratar sobre cómo fabricarlas, no sobre cómo contar historias con ellas. En su mayoría son para expertos. Nuestro objetivo no es ayudarte a montar un elaborado espectáculo de marionetas, es ayudar al principiante a encontrar títeres en objetos comunes que probablemente ya estén en su hogar.

Una marioneta puede ser tan simple como una muñeca pequeña o incluso un coche de juguete. En tus manos, puede explorar el contenido del alféizar de la ventana o del cubo de la basura a través de la lente del personaje. A algunas personas les resulta más fácil contar una historia si adoptan el rol del personaje de la marioneta. (Si no es tu caso, entonces puedes saltarte esta sección.) Puedes contar la historia desde la perspectiva de la marioneta, con su voz, que eliminará algo de la presión que puedas sentir. Incluso una zanahoria puede ser un títere, tal vez dando vueltas sobre el mantel de pícnic en busca de algo bueno para comer. De acuerdo con el ciclo de la narración, el títere en sí mismo se convierte en el vínculo con el mundo real, lo que le da al niño la oportunidad de tomar el personaje en sus propias manos una vez que termina la historia. Un niño que acaba de ver a su juguete favorito examinando el contenido del cubo de la basura puede simplemente salir corriendo con él para averiguar qué hay debajo del sofá.

Este tipo de «títeres de mesa» generalmente surgen de momentos espontáneos, pero pueden expandirse para incluir más intencionalidad. Por ejemplo, se pueden colocar un par de muñecas en una mesa con algunas piedras u objetos para que representen un estanque, un árbol y una casa. Mientras cuentas la historia, las muñecas la representan, tal vez caminando hacia el estanque, donde se encuentran con un pato amistoso. Una vez completada, toda la configuración se puede entregar al niño, que disfrutará repitiendo la historia con nuevos elementos y tal vez con nuevos personajes. De esta manera, utilizas activamente juguetes, títeres y accesorios como anclas en tu historia. Cuando se los entregas a tu hijo, le estás dando algo más que una colección de juguetes. Le das una historia imaginativa que le ayuda a participar. Si tienes un niño que se queja de aburrimiento o que le cuesta encontrar algo que hacer, este tipo de historia puede resultar muy útil.

Utilizar un calcetín como títere es un buen recurso para los principiantes. Todo lo que necesitas es ponerte un calcetín viejo en la mano y dibujarle dos ojos. Puedes comenzar haciendo sonidos simples, *ah* y *mmm,* que acompañen la boca abierta y cerrada del títere. Esto por sí solo hará reír a casi todos, incluidos los adultos. Luego, cuando estés listo, puedes darle una voz y dejar que comience a hablar.

A los niños pequeños les fascinan los títeres, porque no pierden el tiempo dudando de su realidad. Hacen una conexión inmediata con esta «tercera persona», mientras que tú, el narrador, empiezas a desaparecer. Este es el secreto de un buen titiritero —desaparecer— y es lo que hace que los títeres, especialmente los títeres simples, sean tan útiles para el narrador principiante. El títere recibe el foco, aliviando la presión del que habla y permitiendo que aquellos de nosotros que podamos sentirnos un poco tímidos contemos las historias con mayor comodidad.

Imagina un títere que ha venido a jugar con tu hijo, o una abuela que ha venido a visitarlo desde muy lejos. La variedad de personajes es infinita. Tal vez sea una marioneta de perro que representa al perro que tu hijo a menudo ha deseado. «Guau, guau», dice el perro, «me siento como un calcetín viejo». El niño se ríe. «Ojalá tuviera orejas y cola». Podrías decirle al niño, ahora con tu propia voz, «¡Quizá podamos fabricárselas!». Entonces, el perro os acompaña a buscar un paño viejo y le coses al calcetín dos orejas por encima de los ojos. «Guau, guau», dice el perro. «¡Me siento mucho mejor! Ahora, ¿qué tal si me ponéis una lengua?».

Con los títeres, puede ser una buena idea hacer pausas mientras cuentas la historia. El niño se convertirá naturalmente en un participante activo y responderá a las preguntas de tu títere, como «¿Tienes un perro?». Si el niño responde que no, el perro puede decir: «¡Ojalá tuviera un niño que paseara conmigo todos los días y me enseñara trucos como saltar a través de un aro! Luego iría con el niño al circo y, ¡guau!, haríamos reír a todos y nos aplaudirían entusiasmados. ¡Sería muy divertido!». La historia puede ser dirigida por el niño, quien entablará un diálogo con la marioneta de manera natural. Esto también facilita las cosas para el padre o el narrador, que simplemente tiene que responder a las señales del niño.

Contar historias es algo que está muy dentro de ti. Es tu derecho de nacimiento como ser humano.

Un narrador también tiene la oportunidad de utilizar un títere como mediador en situaciones difíciles. Quedémonos con la marioneta del perro por un momento e imaginemos a un niño que les tiene miedo a los perros. «Hola», podría decir el perro, «mi nombre es Spotty. ¿Cómo te llamas? Soy un perro simpático, pero les tengo un poco de miedo a los niños. ¿Eres agradable? ¿Prometes no tirarme de la cola? ¡Vaya, ni siquiera tengo cola! Me gusta jugar al pilla pilla, ¿y a ti? ¿Te gustaría escuchar mi historia sobre el niño que me tiró de la cola y cómo la perdí?». Esto le da al niño la oportunidad de expresarse y resolver algunos de sus problemas en un entorno seguro. Este tipo de mediador puede ser muy útil cuando un niño está enfadado con sus padres o no quiere escuchar. Solo haz que venga Spotty.

Cuando una historia ha terminado, puede ser una buena idea dejar que el títere diga: «Ahora tengo que irme, pero te prometo que volveré». Si estás utilizando las marionetas de mesa descritas al principio de esta sección, te sugerimos que le des la muñeca o el cochecito al niño para que siga jugando. Eso funciona bien para ese tipo de marioneta, pero la desaparición mágica de una marioneta de mano puede darle más carácter con el tiempo. De esta forma, no solo se convertirá en un juguete más, sino en un personaje y en un asistente del narrador. La clave aquí es que el títere está en tu posesión, no en la de tu hijo.

Imagina que al día siguiente tu hijo tiene dificultades para prepararse para ir a la escuela. Podrías pedirle que se prepare «porque Spotty está esperando en el coche y le gustaría sentarse contigo de camino a la escuela. Quizá podría contarte una historia mientras yo conduzco». Cuando finalmente llegas al coche, Spotty sabe cómo os ha ido la mañana. «Estaba un poco preocupado de que no vinieras hoy. Te estaba esperando». Cuando tu hijo se despide de ti y de Spotty para entrar en la escuela, tiene algo que esperar cuando vayas a recogerlo.

Si a tu hijo le encanta jugar con títeres, puedes ofrecerte a fabricarle uno. Luego, cada cual puede tener uno, y los títeres pueden contarse historias o emprender aventuras. También puedes construir un teatro de marionetas simple con una caja y montar espectáculos de marionetas el uno para el otro. Una pequeña canción para comenzar el espectáculo, tal vez podéis diseñar las entradas para el público... Incluso podéis comenzar una colección de títeres y hacer espectáculos con diferentes personajes. Los títeres de mano están disponibles en la mayoría de las jugueterías, pero te sugerimos que no vayas a comprarlos con tu hijo. Es mejor presentarlos como personajes. Eso mantiene viva la magia de la narración.

Y recuerda, las marionetas que se van o se esconden en un lugar especial serán más poderosas. Si simplemente se convierten en parte de la colección de juguetes de tu hijo, tenderán a perder valor. ¿Por qué? Porque la marioneta es una herramienta para contar historias.

Silke es fabricante de muñecas. Tiene una maleta llena de dragones, reyes, abuelas, policías, niños, niñas, calamares, pájaros y toda una ristra de personajes hechos de madera, tela, fieltro, alambre, botones, lana, tejido y mucho más. Es su maleta de las marionetas y ha viajado por medio mundo. Los niños reconocen la maleta, y cada vez que sale, tiene una presencia especial propia. No es probable que un narrador principiante lleve los títeres hasta ese nivel, pero esperamos que esta sección le brinde algunas ideas que pueda utilizar ahora mismo. Si tú estás interesado en una exploración más profunda, existe una nutrida bibliografía disponible específicamente sobre títeres.

Las marionetas de seda o de tela también son fáciles de hacer y tienen una maravillosa cualidad angelical. Son particularmente hermosas a la hora de que el niño se acueste en la cama si apagas la luz y enciendes una vela. La marioneta puede cantar una canción y contar una historia sencilla que ayude a tu hijo a calmarse y a dormirse felizmente. Quizá el títere recoja las preocupaciones del día y les diga a las hadas de los sueños que es hora de venir. Estas marionetas son fáciles de hacer con una pieza cuadrada de seda o de tela. Dóblala en diagonal formando un triángulo y crea una cabeza en el centro del pliegue con una pizca de relleno y átalo. Luego haz un nudo más pequeño en cada esquina exterior para las manos. Tres cuerdas unidas a la cabeza y a los brazos son todo lo que necesitas para mover esa marioneta, y el efecto es mágico.

Terminaremos esta sección con una última idea de marioneta. Randolph es un muñeco tejido a mano del tamaño de este libro. En la mano, se ríe de los niños mientras mira el agujero en su pie. «¡Ah, mi creador fue un poco descuidado con la aguja cuando me fabricó, pero no me importa!», dice. «No me preocupa romperme o ensuciarme. ¡Y mira, he encontrado algunos pinceles!». Es un poco travieso. Randolph toma un pincel, elige su color favorito y baila con el pincel sobre el papel. «¡Es como barrer con una escoba!», dice. Randolph está encantado. Los niños están encantados. Pintar se convierte en una historia.

★ PRÁCTICA # 9 *Cambia la voz*

Este ejercicio requiere un poco de valentía. Encuentra una muñeca o una figura, cualquier cosa; incluso podría ser una manzana, algo que de alguna manera implique una personalidad distinta a la tuya. Luego haz que la figura le cuente una historia a tu hijo. Si eres una persona bastante feliz, es posible que encuentres un plátano empapado e infeliz que no se emociona por nada. Si eres moderado, tal vez encuentres un coche de carreras al que le gusta arriesgarse un poco. Sea lo que sea, permite que el personaje elimine algo de la presión que normalmente sentirías. No es tu historia. Es la historia del personaje.

Desarrollo de un tema

Un narrador experimentado generalmente tiene uno o más temas en los que basarse, ya sea un personaje repetido que ya ha navegado por varias aventuras en el pasado, un escenario como un castillo o una aldea, o un conjunto aproximado de reglas para hadas y gnomos que uno da por sentado en determinadas circunstancias extravagantes. Al entrar directamente en uno de estos temas, a veces tomamos un atajo al mundo de la historia. También podemos desarrollar una riqueza o sutileza que de otro modo sería difícil de lograr en una sola narración. De la misma manera, un tema usado en exceso tiende a oxidarse. Es una buena práctica mezclarlos.

Por lo general, un narrador desarrolla un tema a partir de una historia particularmente buena. Suele ser fácil llevar a esos mismos personajes a un nuevo viaje, y, después de algunos relatos, generalmente tenemos un escenario principal y las «reglas» básicas de la historia. De esta manera, creamos un tema casi sin pensarlo. Los temas suelen representar valores profundamente arraigados, como se ilustra en el siguiente ejemplo.

Cuando los dos comenzamos a contar historias juntos, des cubrimos un gracioso desliz. A uno le encantaba contar historias sobre reyes y reinas, príncipes y princesas. Tenía todo un pueblo medieval repleto de panaderos, molineros, dragones y magos, y sacaba a relucir esos personajes con regularidad. El otro, un poco escéptico urbano, tenía dificultades para adaptarse: el tema estaba muy gastado y apestaba a jerarquía y sexismo. Entonces comenzó un proceso largo e interesante, una conversación dentro de las historias, que desentrañó algunos de nuestros valores y suposiciones.

Para nosotros era una práctica habitual compartir historias con los niños después del almuerzo. A menudo uno comenzaba la historia, luego se la pasaba al otro para que la terminara. Teníamos muchos valores en común, pero nuestros métodos de narración difícilmente podrían haber sido más diferentes. Las historias que resultaban eran un extraño híbrido, algunas de las cuales se elevaban como por arte de magia. Otras caían muertas como gigantes. Debajo de todo, un diálogo, nunca del todo visible para ninguno de los dos, hablaba de los temas o valores sobre los que se habían construido nuestras propias vidas.

Y ahora démosle la voz por un momento a un narrador omnisciente que hable un poco de nosotros dos:

«Para Silke, quien literalmente creció en un pequeño pueblo alemán a solo unas pocas millas de un castillo medieval, el pueblo era una alegoría significativa. Cada personaje representaba un arquetipo. El rey y la reina no eran tiranos: se les había encomendado la supervisión y el gobierno de todo. El dragón no era malvado, era necesario, misterioso y oscuro. El panadero pensaba en la comida y el granjero plantaba tanto si había guerra como si había sequía. Las princesas no solo usaban vestidos con volantes, y perforaban la verdad con sus ojos como los caballeros perforan las armaduras con sus lanzas. Y así como todos estos arquetipos tenían sus roles, también tenían sus fallos y desviaciones.

»La reacción inicial de Joe tuvo mucho que ver con la soberanía individual, un tema común en el paisaje urbano estadounidense en el que nació. Una y otra vez, sus princesas y molineros

> Los temas suelen representar valores profundamente asentados.

buscaban la libertad y la autoexpresión, a veces a expensas del aislamiento. Al final, Silke y Joe aprendieron muchísimo el uno del otro, en gran parte de manera tácita, y sus historias crecieron. Los niños, por supuesto, nunca fueron directamente conscientes de este proceso, pero sí fueron testigos de la evolución de las historias a lo largo del año. Al hacerlo, también exploraron estos temas y valores por sí mismos.»

★ PRÁCTICA # 10 *Abre la despensa*

En este ejercicio, te pedimos que visites tu despensa y dejes que cada lata de garbanzos hable por sí misma. ¿Hay una historia ahí dentro? «Aquí no», dice la Mantequilla de Cacahuete, «es todo demasiado espeso y lento». La Pasta dice: «Vayamos al jacuzzi y relajémonos un poco». El Chocolate dice: «¡Silencio! Se supone que no debo estar aquí». ¿Qué tipo de discusiones surgen entre los Espagueti y los Macarrones? ¿Qué tiene que decir la Avena? Intenta explorar cómo este sencillo escenario está lleno de personajes que tu hijo reconocerá, creando un tema al que pueda volver una y otra vez.

Ardilla Patadilla

Silke Rose West

La historia que viene a continuación se desarrolló durante todo un año después de que se contara por primera vez de forma espontánea a los niños que esperaban a que llegaran los demás alumnos con los que compartían el coche de vuelta a casa. Dos estudiantes míos, hermanos, se sentaron en la parte trasera de mi coche. El aburrimiento había derivado en un juego de bromas que terminó con la niña pateando a su hermano. No tenía intención de detenerse ni siquiera cuando se lo pedí repetidamente. Decidí redirigir la situación con una historia.

*

«—¿Habéis oído hablar de Ardilla Patadilla? —le pregunté.

»—¡No, pero, por favor, háblanos de ella!

»—Bueno, su nombre no siempre fue Ardilla Patadilla. Tenía un hermoso nombre que le dio su madre. Pero cuando era pequeña le gustaba patear a cualquier animal que se le acercara. Incluso pensaba que era divertido. Sin embargo, a los otros animales, como podéis imaginar, no les gustaba en absoluto. Algunos le gruñían. Otros le gritaban y, finalmente,

*todos la evitaban y exclamaban: "Por ahí viene Ardilla Pata-
dilla, rápido, huid!". Así que fueron los animales, que pro-
nunciaban aquel nombre con tanta frecuencia, los que hicieron que se olvidara el verdadero. No pasó mucho tiempo
antes de que Ardilla Patadilla se sintiera sola, e incluso ella
había olvidado su propio nombre».*

Esta parte de la historia aprovecha la situación que
tuvo lugar entre los niños y les ayuda a sentirse vistos y,
sin embargo, no juzgados. El personaje de la historia le
quita presión a la niña y la lleva a anticipar lo que sucederá. Llegamos al lugar donde estamos estancados y necesitamos una solución.

*«—¿Cuál es mi nombre, mamá? —le preguntó. La sabia
Mamá Ardilla le dijo que lo averiguase por sí misma. Le dio
un saco de nueces y se despidió de ella. Ardilla Patadilla se
acercó a Mapache y le preguntó: "¿Cómo me llamo?".*

»—Ardilla Patadilla, ¡¿cómo si no?! —dijo Mapache.

*Después, la ardilla se acercó a la cueva de Oso y le hizo
la misma pregunta, pero Oso solo respondió:*

*»—Tu nombre se pronuncia por todo el bosque. Seguro
que ya sabes cuál es.*

*»Luego Ardilla Patadilla se escabulló por un robledal. Al
hacerlo, tropezó con la raíz de un árbol. Se lastimó la pata,
se sentó y se echó a llorar. De detrás de un viejo roble salió
un gnomo. Dio unos golpecitos en la cola de la ardilla y dijo:*

»—¡Hola, Corretona!

»—¡No soy Corretona, mi nombre es Ardilla Patadilla!

*»—Oh, bueno —dijo el gnomo—, parece que has llegado
a amar el nombre que te dieron los animales. Quizá deberías
conservarlo, pero aprende a hacer cosas útiles con las patas
y así no se sentirás tan sola. ¿Por qué no tomas tu bolsa de
nueces y pones una frente a las guaridas de los animales?*

Así verán tus huellas y sabrán que has sido tú. Pero no espere a que te den las gracias. Sin embargo, si lo haces estos tres días seguidos verás cómo sucede algo mágico».

Estamos en la parte de la historia donde los niños se emocionan y quieren saber cuál será el resultado. Puedes elegir tu propio final. En mi caso, este condujo al cambio de comportamiento entre ellos que yo había deseado al principio del conflicto.

«De camino a casa, Ardilla Patadilla corrió y repartió las nueces por todo el bosque, frente a las guaridas de los animales. Cuando llegó a casa, le pidió a su madre más nueces.

»—Mi nombre es Ardilla Patadilla —dijo—. Ese es el nombre que quiero mantener. ¡Me gusta tener un nombre divertido! Sé que antes me llamaba Corretona, pero ese se convertirá en mi nombre secreto.

»La madre vio lo feliz que estaba Ardilla Patadilla y asintió sabiamente.

»Durante los siguientes dos días, Ardilla Patadilla distribuyó nueces por todo el bosque y los animales empezaron a hablar entre ellos sobre Ardilla Patadilla y decidieron darle la oportunidad de jugar con ellos. Tenían un juego llamado "Patea la piña". Ardilla Patadilla era muy buena en eso y todos la elogiaron. Se volvió hacia sus amigos animales y les dijo:

»—¡Gracias por mi nombre! A partir de ahora utilizaré mis patas sabiamente, pero aún quiero que me llaméis Ardilla Patadilla.

»Y así es como Ardilla Patadilla obtuvo su nombre».

Los dos niños que habían escuchado la historia mostraban grandes sonrisas en sus rostros. La historia te brinda la oportunidad de compartir tus valores con los niños y guiarlos suavemente hacia una acción preferida. Requiere que el narrador busque lo bueno y confíe en que eso sea suficiente. No se necesita interpretación a partir de entonces. Al día siguiente, los niños me preguntaron: «¿Puedes contarnos otra historia de Ardilla Patadilla?». Y les conté la historia de cómo Ardilla Patadilla ayudó a su amiga Mofeta. En esa historia, Ardilla Patadilla se convirtió en la heroína que ayudaba a otras criaturas. Las historias continuaron todo el año durante los tiempos de uso compartido del automóvil. A veces, un niño me pedía que le contara la historia de Ardilla Patadilla a un amigo que se portaba mal. Los niños entendieron lo útil que podía ser una historia sencilla. Para mí, es una de las mejores herramientas de enseñanza.

6

Historias para calmar

Una de las características principales de la narración es su capacidad de captar y redirigir la atención de un niño o la de un adulto. En el capítulo 1, lo llamamos el «ciclo de la narración». Si comenzamos con un conjunto normal de circunstancias y luego presentamos una historia, por lo general volvemos al mismo conjunto de circunstancias con una nueva perspectiva. Para el narrador principiante, esto generalmente significa historias extravagantes destinadas a entretener y a fomentar salidas creativas para el juego. Historias como esa probablemente continuarán siendo la base de la práctica de cada narrador, pero a medida que su oficio se desarrolle, comenzará a ver oportunidades para contar historias en muchas circunstancias distintas.

En pocas palabras, la estructura narrativa es una poderosa herramienta para llamar la atención. Si alguna vez tienes problemas para llamar la atención de un niño (¿y quién no?), podrías considerar contarle una historia. A menudo mitiga el conflicto y la frustración asociados a las consultas o demandas directas. Además, una vez que se gana la atención, un narrador experto puede redirigirla hacia cualquier objeto o actividad que elija. Esa es la esencia del ciclo narrativo. En el siguiente capítulo hablaremos sobre cómo esto puede ser una poderosa herramienta de enseñanza, pero en este capítulo nos centraremos en el efecto terapéutico de las historias.

Las historias son intrínsecamente relajantes. Independientemente del tema, llaman la atención del niño afligido y lo hacen sin poner el foco en el problema. Los niños que han resultado heridos, que están enfermos o que han sufrido algún trauma emocional pueden obsesionarse con el problema. Vemos esto en comportamientos tan diversos como la rabieta de un niño de dos años y el desaliento de un preadolescente. Ambos pueden beneficiarse enormemente de una historia. La intimidad emocional les ayuda a sentirse conectados, tranquilos y, a veces, un poco más fuertes.

Las historias son intrínsecamente relajantes.

Una vez, uno de nuestros estudiantes se arrodilló sobre un cactus sin darse cuenta. Era un cactus cholla, uno de los más desagradables de Nuevo México porque sus agujas de casi tres centímetros de largo tienen al final púas como anzuelos de pesca. Una de esas púas duele al entrar, pero es mucho peor al salir. De vez en cuando tenemos que lidiar con una o dos agujas, pero esta vez en particular, el niño había aterrizado en un trozo de quince centímetros de largo que ahora se aferraba a su espinilla como un lagarto espinoso gigante. Cuando los primeros mordiscos de dolor llegaron a su conciencia, aquel niño de cinco años se quedó petrificado. Sabía en lo que se había metido. Apretó los dientes y dejó de respirar por completo. El dolor era real, pero la idea de lo que vendría era casi insoportable.

Uno de nosotros dos se acercó lentamente al niño, repitiendo con calma «Respira, respira». Mientras tanto, el otro, tras hacerse una imagen clara de la situación, llamó a unos amigos. «Josh, Tim, ayudad a vuestro amigo Michael contándole una historia divertida», dijo. Josh y Tim echaron un vistazo e inmediatamente reconocieron la gravedad de la situación. Enseguida cayeron en las payasadas más divertidas, contando los mejores eventos de la semana, saludando, gritando y haciendo el ridículo. El rostro de Michael, apretado en una expresión dolorosa, comenzó a reír, luego a apretar, a reír y a apretar. Podías escuchar la lucha en su voz. Finalmente, cuando las historias se apoderaron de él, Joe lentamente alcanzó el cactus. Con un tirón rápido, la pernera del pantalón de Michael se tensó y salió el trozo de cactus. El rostro de Michael se puso rojo brillante, luego se puso de pie, se dobló y finalmente se apartó. «Estoy bien», dijo, luchando por contener las lágrimas. «Estoy bien». Cinco minutos más tarde, después de que le hiciéramos una rápida comprobación, estaba de nuevo jugando con sus amigos.

Hay momentos en la vida en los que no hay nada que hacer más que afrontar el dolor. Sin embargo, si lo afrontamos de frente, a veces multiplicamos el trauma al prestar cada intenso gramo de nuestra atención a nuestra desesperación. Enfocarnos en soluciones o alternativas a veces solo alimenta las llamas porque mantiene nuestra energía enfocada en el problema. En esos momentos, las historias pueden ser una medicina única. Si, como se recomienda en el capítulo 4, «Establece un ritmo», tenemos una señal o rutina verbal que introduce la hora del cuento, a veces podemos usarla en circunstancias difíciles para llegar a la conciencia de un niño y activar el interruptor hacia la seguridad y la intimidad con mayor rapidez que con la que una aspirina o un ibuprofeno llegan a su torrente sanguíneo.

A algunos lectores les puede parecer pomposo afirmar que la narración puede ser tan efectiva. En general, pensamos en la narración de historias como en una especie de entretenimiento. Pero si captamos la intimidad en el centro de la relación narrativa, junto con el arco evolutivo del organismo humano para captar información y significado a través de la estructura narrativa, comenzamos a ver cómo esta herramienta exclusivamente humana puede ayudarnos a marcar y conectar con nuestros niños de manera rápida y eficaz. Igual de importante, la intimidad de la narración es una calle de dos sentidos: un niño calmado es un padre calmado.

Una madre estaba preparando el pastel. La cumpleañera estaba repartiendo obsequios de fiesta con entusiasmo, matasuegras y cosas así. ¡Pffff! ¡Zip! ¡Piiiiiii! Todos los niños se estaban divirtiendo hasta que la cumpleañera se dio cuenta de que había repartido todos los juguetes y no le quedaba ninguno. Mientras sus amigos zumbaban alrededor, soplando y riendo, ella comenzó a llorar. Su madre, que estaba encendiendo las velas, de repente se dio cuenta y se sintió insegura. Niños, madres, padres, cumpleañera, todos sentían algo diferente. Casi se produjo el caos, pero luego alguien gritó: «Oye, ¿te he hablado alguna vez de...?».

Las historias quitan presión. Captan la atención y luego la redirigen a algo útil. Ayudan a sincronizar las emociones del narrador, de los oyentes y de todos los reunidos. No es necesario que sea un *thriller* de veinte minutos. Un episodio de un minuto es a menudo todo lo que se necesita.

★ PRÁCTICA # 11 *Alivia el dolor*

La próxima vez que surja una situación difícil para tu hijo, intenta contarle una historia relajante. Puede ser un dolor físico o una emoción difícil. Puede ser una pesadilla o incluso un momento de conflicto entre vosotros dos. Sea lo que sea, asegúrate de que no sea algo (como un corte sangrante) que pueda arreglarse fácilmente con algún otro método. El objetivo no es utilizar la historia como excusa; es presenciar cómo la historia es a veces la única medicina disponible.

Ramona y Peter

Joseph Sarosy

«¡Pupa! ¡Papi!», gritó mi hija de seis años. Era medianoche y podía escuchar la ansiedad en su voz. Tenía muchas ganas de dormir, pero en lugar de eso me desperté y me levanté. No podía ignorarla. Habíamos pasado por aquello muchas veces antes. «Hey, Pup», dije, acomodándome en la cama y acurrucándome a su lado. Mientras lo hacía, sentí que todo su cuerpo se retorcía. Estaba muy enfadada.

Un sarpullido que mi hija había tenido un año antes había vuelto repentinamente como una venganza. Durante el día, cuando la vida era buena y las distracciones eran muchas, era casi insignificante, pero de noche, con una habitación silenciosa y en la oscuridad total, la picazón era una tortura. Habíamos ido al médico. Le habíamos dado los medicamentos. Nada funcionaba, un hecho que ya sabíamos del brote anterior. Simplemente era cuestión de tiempo. Como padres, era insoportable. La falta de sueño nos estaba afectando a todos pero, sobre todo, lo peor era tener que mirar a nuestra hija directamente a la cara y admitir que no había nada que pudiéramos hacer.

Excepto que sí lo había. Después de lavar ligeramente la erupción con agua fría y volver a aplicar la crema tópica, me acosté junto a ella en la cama.

—Te voy a contar una historia —le dije—. ¿Pero recuerdas aquella del otro día, con las tortugas marinas y todo eso?

—Sí.

—Pues esta no es tan buena.

Humor. Es mi camino hacia dentro. Ella negó con la cabeza, pero yo ya podía sentir la relajación fluyendo en sus músculos. Sospechaba que la erupción estaba relacionada con el estrés, un estrés que mi hija aún no tenía un lenguaje para expresar y comprender.

★

«—Se trata de Ramona —dije, evocando el nombre de alguna parte, probablemente los Ramones—. ¿Alguna vez has visto a los buitres pavo sobre al desfiladero, volando en círculos?

»—Sí.

»—Bueno, Ramona era un buitre pavo. Le encantaba extender las alas y recoger las cálidas corrientes de aire que se elevan desde la meseta. Era magnífica, de verdad. Simplemente hermosa, un pájaro de plumas largas volando con el viento».

No podía ver el rostro de mi hija, pero sabía que estaba sonriendo. Hemos compartido innumerables horas contando historias juntos, así que ella sabía cómo entrar de inmediato. Yo no sabía de qué trataría la historia. Acababa de elegir un pájaro, un pájaro que ella reconocía por haberlo visto cientos de veces, y lo había convertido en una hembra para que pudiera identificarse con ella.

«*Ramona estaba volando porque buscaba un lugar para construir su nido. Hacía poco que había dejado a sus padres. Por las noches había estado durmiendo en ramas y acantilados, pero sabía en su corazón que era hora de encontrar un lugar propio. Justo cuando pasaba volando por Bone Canyon [un punto de referencia local que sabía que mi hija se imaginaría perfectamente], vio el lugar perfecto. Estaba justo en medio de un acantilado escarpado, en un pequeño saliente lo suficientemente ancho para un buitre, y no había nada más que rocas verticales por arriba y por abajo. El gato montés nunca podría alcanzarla allí arriba.*

»*Mira, el gato montés a menudo aparecía por allí cerca, acechando detrás de la salvia y de los arbustos. Un buitre nunca es una captura fácil, quiero decir, porque puede volar, pero si uno construye su nido demasiado cerca de las llanuras, el gato montés... a veces... a escondidas... lentamente... se acerca y... ¡salta encima del buitre!*»

Hice una pausa de efecto.

«—*No, papá —dijo mi hija—, no me gustan las historias de miedo.*

»—*Lo sé —respondí—, pero te digo que ese lugar que tenía Ramona era increíble. No había manera de que el gato montés pudiera alcanzarlo. Nadie podía, excepto un buitre. O, ya sabes, una golondrina o un reyezuelo de cañón, pero en su mayoría se mantenían en sus propios nidos. De todos modos, Ramona lo comprobó. Desde la cornisa podía mirar hacia abajo, al Río Grande. Podía ver una gran extensión al norte, y mucho más al sur, y cuando estuvo lista, abrió sus grandes alas... fummm... y voló por la garganta. Pasó todo el día recogiendo ramitas y hierba, y todo tipo de cosas para su nido. Y cuando terminó, pfff, ¿sabes qué?*

»—*¿Qué?*

»—*Estaba hambrienta. Bueno, ¿y qué comen los buitres? Tú lo sabes y yo lo sé, así que no hay razón para perder el tiempo. Comen animales muertos. Eso es lo que hacen. No cazan y matan. Simplemente vuelan y buscan cosas que ya están muertas. ¡Pfff, yo no hago eso! ¿Sabes cómo lo hacen?*

»—*¿Cómo?*

»—*Olfatean... huelen.* —Olfateé sonoramente en su oído, como un perro demasiado ansioso—. *Quiero decir, los buitres también ven. Son buenos avistadores, como las águilas, pero tienen un olfato particularmente bueno, y les encanta el olor a carne podrida. ¿No es gracioso? No se les puede culpar. Son como son.*

»—*Es asqueroso.*»

En ese punto, mi hija ya llevaba sin rascarse varios minutos. Estaba completamente relajada. Tenía a su padre a su lado y toda su atención estaba concentrada en la historia. Me había propuesto variar las sensaciones, los aromas audibles, las imágenes y los sonidos. Eso fue fácil con solo imaginar la escena y luego describir lo que veía. No estaba buscando una estructura narrativa o una trama. En cambio, mantenía a mi audiencia comprometida variando el lenguaje y la cadencia de mi presentación. Todo eso era un poco una farsa, pero el mensaje subyacente era que estaba lo suficientemente relajado como para hacer el tonto. Mi hija, al escuchar ese mensaje a través de la familiaridad de los gestos tontos de su padre, se hizo eco de esa relajación en su propio cuerpo.

¿Qué es contar una historia? En esta circunstancia en particular, si dijera que la narración trata de un buitre de pavo llamado Ramona, creo que estaría perdiendo la perspectiva. La comunicación que se estableció entre mi hija y yo no tuvo casi nada que ver con el contenido de la historia. Tuvo que ver con el contexto de esa noche, y de las noches anteriores, incluso del año anterior, y el intento de un padre de calmar a su hija enferma. Hubo palabras, sin duda, pero la comunicación central fue tácita e invisible. Si comprendes este punto esencial, todo lo demás en este libro es secundario. No buscas una buena historia, buscas una buena relación.

El Dr. Gordon Neufeld lo llama «apego». En su libro, *Hold On to Your Kids*, pone énfasis en el hecho de que un fuerte vínculo de apego es la base de un niño sano. Decenas de estudios científicos señalan cómo la narración desarrolla la empatía en los niños. Les ayuda a ampliar su experiencia del mundo, aumenta la alfabetización emocional, crea resiliencia, etc. Casi toda esta investigación, sin embargo, se centra en la relación del niño con la historia misma. En otras palabras, es la narrativa lo que estudian la mayoría de los científicos. Es relevante, sin duda, pero la teoría del apego del Dr. Neufeld ayuda a llenar un vacío en la ciencia de la narración. Explica la intimidad que encontramos en el corazón de la relación narrativa. La narración, como estamos aprendiendo, no es simplemente una trama: es una herramienta eficaz para construir el apego entre dos personas, incluidos padres e hijos, y un apego saludable conduce a una descarga real de rasgos deseables.

La narración de historias
no es simplemente una trama:
es una herramienta eficaz para
crear vínculos entre dos
personas, incluidos
padres e hijos.

«*Ramona encontró por fin una mofeta muerta al borde del desfiladero. Estaba deliciosamente podrida y apestaba, y era toda para ella. Mientras comía, el gato montés la vio y se deslizó detrás de ella, lentamente. Entre el hedor a carne podrida y a glándulas de mofeta, Ramona estaba felizmente despistada. La triste verdad es que el gato montés casi la atrapó. De hecho, la habría atrapado si no hubiera sido por otro buitre, Peter, que en ese momento volaba muy alto, vio al gato montés y se abalanzó sobre él en el último segundo. Aquello le dio tiempo suficiente para distraer al gato montés y para que Ramona volara de manera segura hacia el cañón.*»

Buitres pavo enamorándose. Todos hemos visto algo así. Te ahorraré el resto de la historia, que termina cuando mi hija se quedó dormida como un tronco. Durmió el resto de la noche. Yo también. Al día siguiente, su madre y yo tuvimos una conversación con ella sobre algo que podría haberla molestado más de lo que pensamos. Cuando ayudamos a nuestra hija a darle un lenguaje a ese factor estresante, se sintió aliviada. En una semana, la erupción casi había desaparecido. No pasó ni una noche más de insomnio.

Quizá fue la medicina. Tal vez fue su sistema inmunológico el que se activó. ¿Quién sabe? La enfermedad sigue siendo un misterio para mí, pero no hay duda de que Ramona y Peter contribuyeron en gran medida a que mi hija durmiera esa noche. Además, fomentó nuestra conexión. Me ofreció a mí, un padre inseguro, una manera de conectarme con mi hija cuando de otro modo me sentía impotente. Eso es algo muy poderoso.

Mi hija y yo pasamos muchas horas durante las siguientes semanas desarrollando más detalles de la historia de Peter y Ramona, que eventualmente se convirtió en los cuentos de Pal y Pam, sus pichones. El gato montés regresó y se cayó irremediablemente en el río. Todos nos reímos. Finalmente, nos cansamos del tema y lo dejamos. La mejor parte de la historia llegó cuando paseábamos por Bone Canyon unas semanas después. Una ráfaga fuerte de viento acompañó a dos buitres que aparecieron saliendo del cañón y que pasaron por encima de nuestras cabezas. «¡Ramona!», gritó mi hija. Sonreí. «¡Peter!», grité yo.

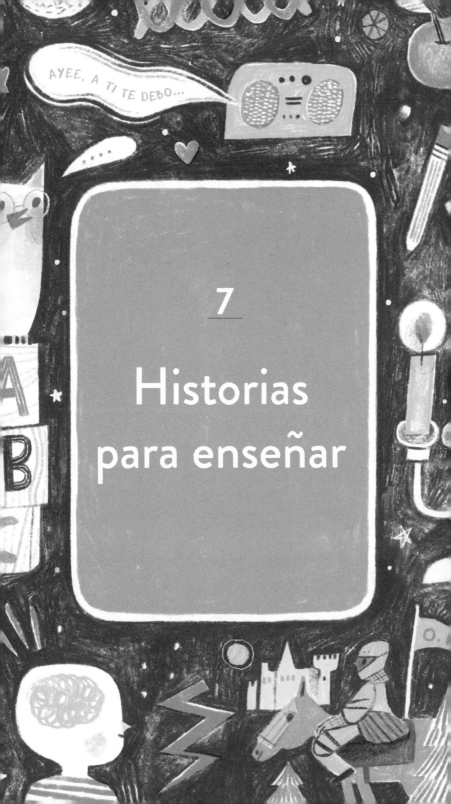

7

Historias para enseñar

L A INTIMIDAD que hemos creado a partir de las sesiones regulares de cuentos nos permite añadir lentamente capas de profundidad y de significado. En el capítulo 6 hemos hablado de cómo las historias pueden calmar a un niño afligido. En este capítulo, veremos cómo las historias pueden ayudar a enfocar la atención de un niño para enseñarle valiosas lecciones. Quizá lo más importante es que las historias ayudan al niño a retener esas lecciones.

La estructura narrativa tiene una manera de quedarse en nuestras mentes. En un estudio tras otro, en comparación con la memoria por repetición, se ha demostrado que una historia aumenta la capacidad de una persona para recordar material entre un 600 % y un 2200 %. En contraste, como el psicólogo Hermann Ebbinghaus demostró de manera celebrada (o infame) con la «curva del olvido», casi el 70 % de la información se olvida en un día. Ebbinghaus publicó su estudio en 1885 y sus resultados han sido reproducidos constantemente por científicos, lo que ayudó a formar la base de la ciencia de la memoria. La cuestión esencial es esta: la memoria tiene tanto que ver con la forma en que se recibe la información como con la manera en que se recuerda. La atención juega un papel clave, indicando al cerebro dónde y cuándo establecer pistas para la información entrante. Sin embargo, como todos sabemos, la atención es un recurso limitado.

La narración, junto con sus personajes centrales, la gravedad emocional, los desarrollos inusuales de la trama y el lenguaje descriptivo, es una de las herramientas más poderosas que tenemos para despertar y retener la atención. El resultado es un paquete apretado de información distribuido en múltiples vías hacia nuestros bancos de memoria, lo que nos facilita un poco la tarea de superar la curva del olvido.

Por lo general, es fácil para nosotros reconocer este hecho. Naturalmente, prestamos atención a una buena historia y nos estremecemos al pensar en una conferencia vespertina. Los niños no son diferentes. Si captas su atención con una buena historia, por lo general la recuerdan. Pero la atención no es el único factor que influye en hacer de la narración una herramienta de memoria tan poderosa. Resumiendo brevemente, tenemos otros tres factores: cronología, repetición y posicionalidad.

La narrativa tiene un orden cronológico. Esto nos permite encontrar un detalle (o hecho) en la historia rápidamente, porque podemos localizarlo relacionándolo con lo que viene antes o después. Tiene una organización inherente. Por el contrario, una colección suelta de hechos es mucho más difícil de recordar porque carece de una estructura interna. Shawn Callahan,

Contar historias es una de las herramientas más poderosas que tenemos para despertar y retener la atención.

autor de *Putting Stories to Work*, informa de un estudio de A. C. Graesser de la Universidad de California, en el que se les dio a los estudiantes una colección de doce lecturas, algunas narrativas, como la historia del arca de Noé, otras expositivas, como una entrada de enciclopedia. Los textos narrativos se leyeron dos veces más rápido. Sin embargo, los estudiantes retuvieron de ellos el doble de información que de los textos expositivos.

Como las historias a menudo son entretenidas, naturalmente las repetimos en nuestra cabeza solo por diversión. Si se colocan estratégicamente hechos o lecciones importantes dentro de la historia, una persona recuerda esa información cada vez que vuelve a contar la historia. Esta es la columna vertebral de la memoria y se llama «plasticidad neuronal». En su libro más vendido, *The Brain that Changes Itself*, el Dr. Norman Doidge lo expresa de esta manera: «Las neuronas que se activan juntas, se conectan juntas».[12] En otras palabras, cuanto más frecuentemente se activan las neuronas, más se fortalecen las conexiones, por lo que es más probable que volvamos a recordar la información. Lo contrario es cierto para las neuronas que rara vez se activan. En poco tiempo, generalmente mientras se duerme, el cerebro simplemente borra la información. Doidge se refiere a esto como «úsala o piérdela».

Las historias nos ayudan a llamar la atención, nos dan un orden cronológico inherente y nos animan a reproducir la historia y a solidificar el contenido neuronal en nuestro cerebro. Muy alta tecnología, de verdad. Pero ayudan con una cosa más que vale la pena mencionar: la posicionalidad.

Las historias son excepcionalmente efectivas para aliviar la presión del narrador y del oyente. La información puntual, incluso cuando es bienintencionada y recibida con amor, tiende a crear una dicotomía: yo contra ti, o nosotros contra ellos. Yo soy el maestro y tú eres el estudiante, o yo soy el padre y tú eres el hijo. Incluso en las mejores circunstancias, esta posicionalidad puede crear problemas.

Por otro lado, una historia no está dirigida a nadie. Crea una ficción útil, de narrativa en tercera persona. Es solo una historia. La información proporcionada, en contexto, le da al niño la oportunidad de sentir que la está descubriendo por sí mismo. Para citar el Tao Te Ching: «Cuando el Maestro gobierna, la gente apenas se da cuenta de que él existe. Cuando termina su trabajo, la gente dice: "Increíble: ¡lo hemos hecho nosotros solos!"». [13]

Si alguna vez has mantenido una batalla con tu hijo (o pareja) por alguna pequeña tarea, sentirás la gravedad de la posicionalidad. Los humanos se atascan en ella y el contenido informativo se va por la ventana. En cambio, ahora tenemos un juego de poder en nuestras manos. Si sientes que podría suceder eso, intenta contar una historia e incluye la información o el valor en la narración.

De hecho, así es como podemos enseñar: contando historias. Primero, captamos la atención del niño con un personaje o trama interesante. Si ya hemos establecido una rutina de narración, como se sugiere en el capítulo 4, «Establece un ritmo», sabemos cómo marcarla en ella rápidamente. Al incluir un objeto o una actividad reconocible en nuestra historia, como se describe en el ciclo de la narración, inmediatamente vinculamos la atención de nuestro hijo a un lugar real en el mundo real. Ahora, en medio de nuestra historia, redirigimos esa atención a un tema que es pertinente, tal vez el abecedario o un valor particular que queremos que tengan. Mantenemos el interés de la historia mediante el uso de lenguaje descriptivo, cambios de ritmo y eventos repentinos para no perder la atención de nuestro hijo.

Luego, a lo largo de la historia, o tal vez solo en uno o dos puntos clave, incorporamos palabras, hechos o lecciones memorables en los detalles de la historia. Esto puede ser evidente, como «la moraleja de la historia es...», pero a menudo es fortuito en la trama, por ejemplo, un mensaje escrito en una pared, o un gran bostezo y estiramiento de una célula en crecimiento que describe el proceso de la mitosis. Cuando terminamos la historia, cerramos el ciclo, volviendo al mundo real con una nueva perspectiva para ayudar a nuestro hijo a comprender y retener material difícil.

Esto puede parecer complicado, pero es extraordinariamente sencillo, porque la gente lo ha estado haciendo durante los últimos 60.000 años. He aquí un ejemplo. A un grupo de niños que discuten por el control del «único» palo o del «único» muñeco se le puede contar una historia bajo la apariencia de un grupo de animales con problemas similares. Al permitir que los personajes se comporten tanto de manera respetuosa como irrespetuosa, cada niño tiene la oportunidad de ver cómo las acciones afectan a los demás y al grupo en general. En el caso de los niños pequeños, esto suele ser mucho más eficaz para lograr la comprensión y fomentar la cooperación que las reprimendas o las directivas, que tienden a aislar y dividir (posicionalidad) y conducir a más conductas defensivas.

Contar una historia también nos permite realizar actividades y simular emociones que a veces son demasiado peligrosas o demasiado desgarradoras para practicarlas en la vida real. Esto en sí mismo es una forma de instrucción, y lo vemos en muchos cuentos de hadas e historias «de miedo», así como en películas modernas y en las tragedias de Shakespeare o de la antigua Grecia. Al explorar tramas que de otro modo nos abrumarían, obtenemos cierta perspectiva sobre situaciones difíciles que eventualmente podríamos protagonizar.

Las historias también pueden ser de gran ayuda para las

lecciones académicas. Cuando Joe estaba enseñando a leer a sus alumnos de primer grado, buscaba un dispositivo mnemónico para distinguir las vocales de las consonantes. Terminó contando una historia sobre dos amigos, Ayee y P-tip. Aquellos extraños nombres captaron la atención de los niños de inmediato. P-tip era un cantante, o más bien hacía percusión vocal, que entretenía a sus amigos con elaborados *bam-bam, mec-mec, ping-ping, moc-moc, tuc-tuc*. Era genial, y los sonidos divertidos atraían a los niños aún más. Pero un día, cuando Ayee y P-tip se convertían en adultos, se aventuraron a subir a la cima de la montaña y se encontraron con un dragón. Casi murieron, pero en el último momento Ayee puso a P-tip en un lugar seguro, aunque no antes de que el dragón quemara terriblemente a P-tip con su aliento de fuego. P-tip casi muere, pero después de una larga convalecencia recuperó las fuerzas. Lamentablemente, ya no podía hacer percusión vocal, porque sus labios tendrían cicatrices para siempre. Estaba deprimido. Ayee se había mudado y ahora vivía en otro continente. Poco a poco, P-tip aprendió a cantar de nuevo, esta vez con la garganta, y grabó un gran éxito internacional. Ayee lo escuchó por primera vez en la radio. Decía así: «Ayee, a ti te debo…».

Esa historia hizo reír, gritar y cantar a los niños. Después no tuvieron problemas para recordar las letras A, E, I, O, U, aunque la historia no tenía mucho que ver con ellas.

Curiosamente, gran parte de lo que hemos escrito sobre la narración de historias también podría aplicarse a la canción y la melodía. La combinación del poder de ambas crea un banco de memoria muy fértil en la mente de un niño del que no solo puede extraer recuerdos futuros, sino que también puede incorporar y construir nuevos conceptos lentamente. En el caso de Ayee, todo lo que se necesita es la melodía, «Ayee, a ti te debo…» [14] y los niños se sintonizan instantáneamente con el reconocimiento de letras y la comprensión de lectura. Recuerdan la historia, las lecciones reales que aprendimos en el aula y, lo que es más importante, la emoción y la energía que es nuestro punto de entrada al tema, no la deflación y los suspiros de «Está bien, niños, sacad vuestros cuadernos de tareas».

Las historias también son una de las principales maneras con que transmitimos los valores culturales y religiosos. La mayoría de nuestros textos religiosos están llenos de historias. Son una parte intrínseca de todas las festividades. Todo es información que llega a los oídos y corazones de la generación más nueva. Como padres y cuidadores, podemos reproducir textualmente esas historias clásicas. También podemos aprovechar esas líneas argumentales establecidas y desentrañar mensajes y valores especialmente útiles para nuestros hijos en ese momento.

La narración oral es excepcionalmente poderosa para ayudar a un niño a darle sentido a algunos de los eventos más importantes de la vida.

Un niño también puede recibir una gran ayuda con una historia antes de los ritos de iniciación (como la pérdida de un diente) y los momentos difíciles (un amigo que se muda de ciudad). Como padres, muchos de nosotros hemos sido capacitados para buscar el libro o el video adecuado en estas situaciones. No hay nada malo en ello. Nos beneficiamos de todo tipo de historias. Pero si hemos captado el poder del método descrito en este libro, y hemos invertido el tiempo para cultivar la intimidad y la comodidad de la hora del cuento con nuestros hijos, es posible que descubramos que la narración oral es excepcionalmente poderosa para ayudar a un niño a dar sentido a algunos de los eventos más importantes de la vida. Eso puede sonar intimidante, pero si empiezas con las historias de Osito a los dos años, no te parecerá un gran salto crear historias sobre convertirse en mujer a los catorce años.

★ PRÁCTICA # 12 *Incorpora un mensaje*

Piensa en un mensaje o en una lección simple que te gustaría que tu hijo recordara. Puede tratarse de guardar juguetes, o no pegar, o el nombre de un pájaro local común... Cualquier cosa. Hazla tuya. Sea lo que sea, asegúrate de que el núcleo pueda estar contenido en un mensaje o frase simple. A continuación, cuenta una historia en la que aparezca el mensaje, tal vez escrito en la pared de una cueva o dicho por un búho sabio y misterioso. Recuerda, puede ser fundamental para la trama, pero también puede ser fortuito.

★ PRÁCTICA # 13 *Integra un contexto*

Presentar un valor o una lección en el contexto o marco de una historia es una poderosa herramienta de enseñanza. Por ejemplo, una historia sobre tolerancia religiosa puede versar abiertamente sobre un niño judío que celebra la Hanukkah con su amigo cristiano, y viceversa. Tales historias pueden ser maravillosas, pero ocasionalmente difíciles de gestionar. A veces, aunque los protagonistas creen comprensión y reconciliación, el mensaje subyacente es que esa comprensión falta en la cultura en general. Alternativamente, una historia sobre un pueblo tolerante en el que el fabricante de velas está ocupado haciendo velas verdes y rojas para Navidad y velas azules y blancas para Hanukkah, y en la que luego ocurre una confusión terrible o un evento divertido, podría enviar el mismo mensaje (celebramos la diversidad) a tu hijo, pero sin hacer que el conflicto sea central. Al final, tal vez todos tengan velas de los colores del arco iris.

El Jaranero Taranga

Joseph Sarosy

Esta historia surgió un día cuando mis alumnos de primer grado estaban aprendiendo a deletrear palabras comunes. Ellos estaban frustrados. Yo estaba frustrado. Todo el mundo quería dejarlo. Pero sabía que si permitía que termináramos en un momento tan estresante, sería difícil para los niños, y para mí, volver al material con algo más que resistencia. El estrés y la frustración son como duendes en el aula: devoran toda la atención. Entonces, por la gracia de algún espíritu benévolo, me senté y conté esta historia.

★

«—¡Sire! ¡Sire! —dijo el paje, corriendo hacia la sala del trono. En la mano agitaba un trozo de pergamino—. He encontrado esta nota clavada en la entrada del castillo.

»—¿Qué dice?

»—No lo sé, Su Majestad. No sé leer —dijo poniendo la nota frente a las narices del rey, pero él también la apartó. El rey era un hombre bueno y justo, pero tampoco sabía leer. Esta historia sucedió hace mucho tiempo, cuando la lectura no era tan común como lo es hoy.

»—¡Dásela al príncipe! —dijo el rey, porque el príncipe había estudiado con un hechicero en tierras lejanas.

»El príncipe, que aún era joven, tomó el pergamino en la mano. La habitación se quedó en silencio mientras él agonizaba con las cartas; la lectura todavía era muy nueva para él.

»—Hum... hum —balbuceó, medio arrugando el papel en sus manos.

»—¡¿Qué dice?! —gritó el rey.

»—Creo, creo... —dijo el príncipe, comenzando a pronunciar las letras. Todos se acercaron un poco más—. Creo que dice: "Yo... es.. esta... estaré... aquí..." no, allí... "Yo estaré allí".

»—¿Estaré allí? —gritó el rey—. ¿Quién? ¿Quién?! —El rey estaba un poco nervioso.

»—Espera —dijo el príncipe—. "¡Estaré allí... dentro de dos días! ¡Estaré allí dentro de dos días!".

»—¿Estará aquí dentro de dos días? ¿Quién? ¡Por el amor de Dios! ¿Hay algún nombre en el pergamino?

»—Espera —dijo el príncipe—, aquí está. Está firmado en la parte inferior. —Una vez más, todos los caballeros y cortesanos del rey se acercaron—. Está firmado por... El... El... Jar... anero... Vaya... Ta.. ran... ga... ¡El Jaranero Taranga!

»—¿El Jaranero Taranga? —dijo uno de los caballeros con una expresión horrible en el rostro—. ¡Que Dios se apiade de nosotros!

»Todos en la habitación miraron a su alrededor. ¿El Jaranero Taranga? Debe de ser una especie de monstruo, una bestia peluda gigante empeñada en destruir el castillo y comerse a los niños. La desesperación dominó la expresión de los presentes. Los rostros palidecieron, y el caballero más valiente de todos intentó escabullirse de puntillas

por detrás, hasta que el rey, haciendo de rey, dio un puñe-
tazo en la mesa.

»—No somos unos cobardes —dijo—. Caballeros, poneos
en marcha. Quiero que todos los jinetes disponibles se diri-
jan a la Selva Negra lo antes posible. Debemos encontrar...
—y pronunció las siguientes palabras con tono amenaza-
dor— al Jaranero Taranga.

»Silencio. Entonces, de repente, todos en la habitación
se pusieron en marcha, un último bocado de comida, unas
palabras con el rey y, finalmente, salieron por la puerta. El
joven príncipe se acercó a su padre.

»—Padre —dijo—, yo también debería ir. Quiero encontrar al Jaranero Taranga.

»—No, hijo —dijo el rey—, debes permanecer a salvo detrás de los muros del castillo. Quién sabe qué clase de bestia
podría ser ese maldito Jaranero Taranga. Tres cabezas. Quince
piernas. Media docena de espadas. Por lo que sabemos, podría
ser un fantasma... —Hizo una pausa y luego negó con la cabeza—. No, no podemos arriesgarnos. Te quedarás aquí conmigo.

»La palabra del rey fue definitiva. El príncipe bajó la cabeza y salió de la habitación mientras los sirvientes y los caballeros a medio vestir recorrían los pasillos.

»Durante todo ese día y la mañana siguiente, los caballeros del rey buscaron cualquier rastro del Jaranero Taranga.

»—Debe de tener tres metros de altura —dijo un hombre.

»—Brazos del tamaño de cañones —dijo otro.

»La verdad es que todos y cada uno de ellos estaban ate-
rrorizados. Pero nadie encontró nada.

»A última hora de la tarde del segundo día, el joven
príncipe, con valentía y fortuna en su corazón, se puso la

armadura de un caballero de tercera clase y se dirigió a los establos.

»—Eh, ¿quién va? —dijo el encargado de los establos—. Creía que todos los caballeros ya estaban fuera. Bueno, vas a tener que vértelas con el viejo Hobbledy-Peg, porque ahora mismo no quedan más caballos que él.

»—Con él bastará —dijo el príncipe, con la voz más ronca que pudo poner.

El encargado del establo hizo una pausa y ladeó la oreja, luego se la rascó y se dirigió al establo del viejo Hobbledy-Peg. Cuando salió, el caballo cojeaba cada tres pasos, pero logró caminar hasta el príncipe.

»—Será mejor que se apresure —dijo el encargado del establo—. El rey no verá con buenos ojos a un rezagado.

»El príncipe tardó más de lo que esperaba en llegar al bosque, pero al anochecer ya se había adentrado en la Selva Negra. Musgo y líquenes colgaban de las ramas como cabellos de brujas viejas. Olores extraños parecían rezumar del suelo, y el trote cojo del caballo sonaba como si estuviera repicando en un terreno hueco. El príncipe enseguida se sintió aterrorizado. Había cometido un error. No había forma de que encontrara al Jaranero Taranga, e incluso si lo hiciera, ¿qué haría? El monstruo probablemente lo mataría de un solo golpe. Le gritó al caballo para que se detuviera. Comenzó a darse la vuelta y de repente se quedó paralizado. Allí, a no más de cien metros de él, apareció un misterioso y leve resplandor naranja.

»—Soooo —le dijo el príncipe en voz baja a su caballo. Pero el caballo no escuchó. Continuó girando, los estribos de metal y los arreos de la silla tintinearon como un viejo árbol de Navidad. El príncipe, aterrorizado, mantuvo la mirada fija en el resplandor. "Debe de ser el Jaranero Taranga", pensó, "una especie de quimera, una bestia de fuego con una cabeza de serpiente y enormes garras negras". Se estaba acercando—. Atrás —susurró el muchacho al caballo para que retrocediera, pero las patas del caballo habían comenzado a temblar. El príncipe también comenzó a temblar, y los dos hacían un ruido metálico espantoso. El bosque entero comenzó a brillar con una luz inquietante, y en un último intento de coraje, el príncipe se abrió la visera y gritó con su voz más mezquina—: ¡Alto! ¿Quién va? —que no sonó demasiado valiente.

»De detrás de los árboles salió... ¿el Caballero Naranja? ¿El viejo amigo del rey? No puede ser.

»—Ah, joven príncipe —dijo el viejo y sabio caballero.

»—¿Qué...? —dijo el príncipe, demasiado desconcertado para hablar—. No eres... el que... —entonces se recompuso y preguntó—: ¿Dónde está el Jaranero Taranga?

»—¿El Jaranero Taranga? —rio el amable caballero—. ¿Qué es eso?

»—El Jaranero Taranga —dijo el príncipe—. Se supone que es una especie de monstruo. Envió una nota a mi padre diciendo que hoy venía a destruir el castillo y a comerse a todos los niños.

»—¿A los niños? —preguntó el Caballero Naranja, riendo para sí mismo—. Suena terrible. —Luego añadió—: ¿La nota venía en un pergamino?

»—Sí, señor.

»—¿Decía: "Estaré allí dentro de dos días?".

»—¡Sí, señor!

»—¿Y quién la leyó? —preguntó el caballero.

»—Yo, señor —dijo el príncipe—. Padre no sabe leer.

»El Caballero Naranja soltó una risa poderosa.

»—Ay, hijo —dijo—, vamos a pasar un buen rato juntos. —Apretó el hombro del joven príncipe, luego tomó las *riendas del viejo Hobbledy-Peg y los dos se dirigieron hacia el castillo.»*

Para cuando terminé las últimas líneas de esta historia con mis alumnos, estaban rodando por el suelo de risa y dándose palmadas en los muslos. Sinceramente, era un caos, como un programa de dibujos animados en el que se quitan los zapatos y se golpean en la cabeza. Cuando finalmente recuperamos nuestros sentidos, repasé algunos detalles en la pizarra. El Jaranero Taranga. El Caballero Naranja. Qué montón de tonterías ridículas. Ahora lo usamos para explicar por qué, a medida que aprendemos a leer, hay palabras que rompen las reglas y simplemente no tienen sentido. Podemos llamarlas «palabras de uso frecuente» y desarrollar todo tipo de métodos para aprenderlas, pero ahora tenemos una manera divertida de encontrar esas rarezas en la escuela. Podemos reírnos y capturar todo el mensaje en unas pocas sílabas: Jaranero Taranga. La ligereza que esto aporta al trabajo escolar no tiene precio.

8

Historias para toda la familia

SI CAPTAMOS esa relación que está en el centro de la narración, podemos aplicar el bálsamo en casi cualquier lugar, no solo con los niños. En este capítulo, te invitamos a explorar la narración como una actividad para toda la familia, el vecindario o cualquier reunión.

La narración de historias es una gran actividad para la vinculación intergeneracional. Esto puede ser tan simple como compartir una historia con la familia inmediata, pero también puede incluir fácilmente a abuelos, tías, tíos, primos o vecinos. Un círculo de historias como este puede resultar en una reunión muy íntima. Los niños pequeños se benefician al escuchar las historias de los mayores y los mayores se benefician al escuchar las historias de los niños. En un círculo de edades múltiples, tenemos la oportunidad de ver la vida en todos sus aspectos y la personalidad en sus innumerables formas. Al igual que con los momentos uno a uno de la narración, el enfoque principal es la conexión. Al prestar toda nuestra atención a cada orador, recibimos algo mucho más profundo que las narraciones. Compartimos un vínculo común que tiene profundas raíces en nuestros antepasados humanos, algo que es difícil de replicar con el enfoque unidireccional de una película o de un programa de televisión, sin importar cuán magnífico sea el guion.

Reunir un círculo así requerirá algo de coraje. La mayoría de los adultos no se consideran a sí mismos narradores de historias. ¿Por qué? Porque estamos enfocados en la narrativa. Tendemos a volvernos tímidos y evasivos. Por eso tener niños en el círculo puede marcar una gran diferencia, porque los adultos tienden a presentarse ante los niños de maneras que normalmente no usaríamos con otros adultos, como unos pasos de baile o una reverencia. Una vez que se rompe el hielo, normalmente nos divertimos mucho.

Para comenzar, busca un lugar cómodo para todos, ya sea un espacio tranquilo en el interior o tal vez debajo de vuestro árbol favorito. Asegúrate de que los ancianos tengan un buen lugar para sentarse y de que todos puedan verse. Debe quedar claro que cuando alguien esté hablando, todos los demás estén escuchando. Esto puede requerir que se remarque bien al principio. Las interrupciones de voces externas pueden hacer descarrilar a alguien que se arriesga, y queremos crear un entorno en el que las personas se sientan bienvenidas y cómodas. Puedes comenzar tú mismo contando una historia breve, luego invitando a la persona de tu izquierda o de tu derecha a contar una, y así sucesivamente. Las dos primeras historias suelen ser las más difíciles, así que elige sabiamente a tus oradores, pero para la tercera, la gente ya habrá comprendido el valor del momento. Será absolutamente único cada vez.

Otro método para probar es que todos cuenten una historia común. Una persona comienza y luego pasa la historia a la siguiente. Esa persona desarrolla la historia un poco más y luego la transmite. Mientras vemos a personajes comunes viajar a través de los labios de distintos narradores, tenemos la oportunidad de ver las distintas personalidades en sus innumerables formas y edades. Algunos perderán el hilo. Otros lo recuperarán. A veces, una frase o dos serán suficientes. A menudo, los momentos más agradables serán las meteduras de pata, las equivocaciones.

Una reunión regular como esta, aunque solo se celebre una vez al año en casa de la abuela, puede tener un gran impacto en la intimidad del grupo en su conjunto. Se ha dicho que una familia que reza unida permanece unida. Quizá podríamos decir que una familia que cuenta historias unida envejece unida. En lugar de una noche de juegos o una noche de películas, prueba una noche de cuentos. A ver cómo va. Experimenta.

Algunos adultos, especialmente los más serios, dudarán en entrar en un círculo de historias tan diverso. Puede hacerles sentir extremadamente vulnerables. En un mundo que a menudo valora el cinismo y la indiferencia, es muy difícil extraerles la alegría a algunos adultos.

A veces, la única manera de hacerlo es con la ayuda de los niños. La verdad es que todas las técnicas de narración descritas en este libro funcionan tanto para adultos como para niños, pero la mayoría no optará por participar a menos que la inclusión de niños aumente la apuesta. En parte, así es como los niños «enseñan» a los adultos. A veces son la única ventana al niño interior para el carácter más brusco.

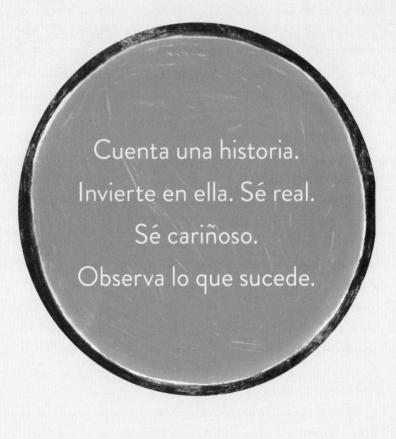

Cuenta una historia.
Invierte en ella. Sé real.
Sé cariñoso.
Observa lo que sucede.

Aquellos de nosotros dispuestos a correr un poco más de riesgo podríamos encontrar el mismo tipo de intimidad que se genera cuando no hay niños involucrados en absoluto. Después de todo, contar historias ya es una parte común de todas las reuniones de adultos. Simplemente no se llama contar historias. Se llama, «Oh, Dios mío, déjame contarte lo que sucedió cuando...». El intercambio de cuentos es tan antiguo como las tabernas, los mercados y la cafetera de la oficina. ¿Por qué? Porque contar historias crea intimidad.

Silke tenía una amiga mayor, Mary, que tenía un cáncer terminal. En los meses previos a su muerte, estaba completamente alerta, pero ya no podía caminar más allá de unos pocos pasos fuera de su casa. Pronto estuvo postrada en la cama. Cuando Silke la visitaba, las dos amigas disfrutaban de su amor común, pero la gravedad de la situación hizo que las bromas comunes parecieran demasiado artificiales. «Cuéntame una historia», solía pedirle Mary.

En el capítulo 7, hemos mencionado cómo las historias son especialmente útiles para los padres y educadores que desean enseñar lecciones importantes sin generar esa posicionalidad uno a uno que a veces provoca conflicto o incomodidad. Esa misma cualidad está en juego en una variedad de circunstancias, como las visitas de Silke a Mary. Contar historias elimina la incomodidad de decir o repetir algo que no es necesario. Simplemente podemos mantenernos en la intimidad de la historia, sin ninguna agenda práctica.

Esta cualidad es tan sutil, pero tan diversa, que se puede utilizar en casi cualquier situación. Puedes intentar utilizarla la próxima vez que desees enviar un mensaje que sepas que llegará con un poco de brusquedad. A nadie le gusta que le digan que hizo algo mal, aunque esté de acuerdo. Es simplemente que la naturaleza humana se pone a la defensiva. El resultado es que incluso cuando ambas partes están de acuerdo sobre el error, gran parte de nuestro enfoque se dirige hacia la lucha por prevalecer ante el otro. Eso es la posicionalidad en acción. Pero si transmites ese mensaje mediante una breve historia (treinta segundos suele ser suficiente), la persona tiene la oportunidad de descubrir el error por sí misma. Esto mitiga la incomodidad persistente entre las partes. Los líderes que dominan esta técnica son alucinantes. Son capaces de criticar a sus empleados, estudiantes, seguidores, etc., al mismo tiempo que fomentan su buena voluntad.

Un buen lugar para probar esta técnica de narración es con tu esposo, esposa, pareja o con un amigo o una amiga. Puedes utilizarla para transmitir un mensaje importante de una manera amable, como se ha descrito antes, pero también puedes usarla como una manera de generar conexión e intimidad. Funciona igual que con tu hijo. Si tu relación es como la de la mayoría de las personas, probablemente tenga algunos ratos aburridos. La próxima vez que estés en la cama al final del día, repitiendo lo que sucedió en el trabajo o en casa, y tal vez te resulte un poco difícil crear puntos en común, detente. Cuenta una historia. Invierte en ella. Sé real. Sé cariñoso. Observa qué pasa.

Esto funciona mejor si cuentas con la cooperación de tu pareja.

Es como un círculo de narración pequeño e íntimo, y ambos podéis tomaros un momento para contar una historia. Cuando sea tu turno, entrégate por completo. Utiliza el ciclo de la narración: elige algo de tu día que tú y tu pareja reconozcáis enseguida en tu historia, añade algunos detalles extravagantes o sorprendentes y luego cierra el ciclo devolviéndolo todo a la realidad. Fíjate si algo cambia. Cuando sea tu turno de escuchar, ofrece tu presencia a tu pareja tan plenamente como lo harías con tu hijo. Escucha con todo tu corazón. Hacer esto solo una vez a la semana puede ser transformador porque, una vez más, elimina la presión personal de vuestros encuentros. La intimidad que construye se puede incorporar al resto de vuestros días.

Puedes intentar comenzar una historia y luego pedirle a tu compañero que la termine. Experimenta. Encuentra lo que funciona. Si crees que tu pareja se reirá de la sugerencia, considera la posibilidad de sumergirte por primera vez en el mundo de las historias sin ninguna preparación. Una historia suele ser más poderosa que una explicación de por qué las historias son poderosas. La próxima vez que notes que los dos os esforzáis por conectaros, puedes dar un salto y comenzar con «Érase una vez...».

Para el principiante, algunas de estas sugerencias sonarán absurdas, o por lo menos parecerán difíciles de lograr. Pero si se empieza con historias sencillas, como las que se suelen contar a los niños, el adulto medio tendrá pocos problemas para aplicar las técnicas descritas en los últimos capítulos. Se volverá casi una segunda naturaleza acercarse a un niño traumatizado y calmar parte de su dolor con una historia relajante. Será sorprendentemente fácil crear historias divertidas y atractivas que envíen mensajes importantes a nuestros hijos sobre el crecimiento. Es posible que podamos cortar las discusiones con nuestra pareja antes de que exploten. Si tenemos suerte, comprenderemos que la narración es una adaptación humana evolucionada que transmite información de manera eficiente y construye intimidad, brindándonos una herramienta útil para fomentar las relaciones con amigos, familiares y vecinos de todas las edades.

★ PRÁCTICA # 14 *Crea un círculo de historias*

La próxima vez que tengas una reunión familiar, una comida en el vecindario o cualquier tipo de reunión comunitaria, invita a todos a formar un círculo de historias. Si algunos no están dispuestos, deja que se aparten, pero trata de que los niños entren en la situación. Tu presencia es tu rompehielos. Comienza con una regla básica: cuando alguien esté hablando, todos los demás deben escuchar. Te sugerimos que busques dos buenos oradores para comenzar. El primero puede contar una historia breve, luego pasar a la siguiente persona y así sucesivamente. O podéis optar por contar una historia común escena a escena. Los dos primeros oradores suelen ser los más difíciles, así que elige sabiamente, pero para el tercero o el cuarto, la gente ya habrá comprendido el valor del momento. Es una oportunidad para compartir desde el corazón.

★ PRÁCTICA # 15 *Cuenta una historia a un enemigo*

Este ejercicio es para los atrevidos. Entendemos que la mayoría de las personas no aceptarán este desafío, pero trata de imaginar el impacto que podría tener en las relaciones tensas. Encuentra a alguien en tu vida que te estrese. Tal vez sea un compañero de trabajo, otro padre de la escuela o quien sea. No le des mucha importancia, pero cuando se te presente la oportunidad, intenta contarle a esa persona una historia corta, una que sea en gran medida edificante. No debería tener nada que ver con vuestra fuente de conflicto. Solo una bonita historia sobre un pájaro azul, o lo que sea. Hazlo simple y fácil, para que no temas contarla. No tiene por qué ser un cuento salvaje y fantasioso de imaginación desbordada. Podría ser algo que te sucedió y que te parece relevante en ese momento. Uno o dos minutos es suficiente. Después, observa cómo te sientes. ¿Ha bajado algo la tensión? ¿Hay cambios?

Una historia de Navidad

Silke Rose West y Joseph Sarosy

Era Nochebuena, y cuando el sol se ocultaba por el horizonte, los coches empezaron a subir por el camino. Había una hoguera en el pozo y velas aromáticas a lo largo de los pasillos. Las montañas retrocedían en las sombras y el aire estaba frío, pero la sidra caliente calentaba nuestros labios y manos. Después de encender velas rojas en nuestro árbol de Navidad al aire libre, una tarea divertida y arriesgada, Silke invitó a todos a un círculo de historias.

Podías ver las expresiones en los rostros. Algunas personas se entusiasmaron. Algunas se encogieron de hombros. La mayoría se ocultaban detrás de sonrisas educadas que delataban su nerviosismo. Un niño sonrió, otro se escondió detrás de la pierna de uno de sus padres. La verdad es que la mayoría de nosotros no nos conocíamos. Silke era quien nos conocía a todos de un modo u otro. Había adultos jóvenes, de esos que se presentan con tambores y voces suaves, dispuestos a pasar unas fiestas divertidas y bonitas. Había padres decididos a celebrar la Nochebuena sin atisbo de sentido consumista.

Había ancianos y una familia de fuera de la ciudad cuyo hijo había asistido al jardín de infancia de Silke veinte años atrás.

—Así es como funciona —dijo Silke con su voz de jardín de infancia y una sonrisa traviesa en el rostro—. Uno de nosotros comienza la historia y luego se la pasa a la siguiente persona. Dice todo lo que quiera y luego la transmite. Daremos la vuelta al círculo y creo que sabremos cuándo hemos terminado.

—Solo queremos escuchar una historia que contéis vosotros —dijo uno de los adultos. Algunas personas se rieron.

—Yo empiezo —dijo una joven acostumbrada a este tipo de cosas. Todos volvieron la mirada en su dirección y ella comenzó—: *Había una vez un hada de Navidad que había venido a ayudar a entregar regalos para toda la gente. Pero por el camino, se perdió.*

Esperamos un segundo, pero estaba claro que había terminado. Miró con amabilidad a quien tenía a su lado, un hombre de mediana edad con mocasines y una chaqueta demasiado fina para un evento al aire libre como aquel. Con las manos metidas firmemente en los bolsillos, miró de izquierda a derecha y luego dijo:

—*Había un agujero. Ella se cayó dentro* —Algunas risas recorrieron la multitud.

La esposa del hombre fue la siguiente, tenía una expresión vívida en su rostro cuando retomó la historia.

—*Dentro del agujero, buscó una manera de salir. Estaba muy oscuro, así que palpó a su alrededor.*

—¿Las hadas no vuelan? —preguntó alguien. Un par de personas se rieron disimuladamente. Dos globos oculares miraron al inquisidor. Un hombre raspó el suelo con la punta de su zapato. Pero la mayor parte del círculo mantuvo sus ojos en el narrador en una muestra de apoyo. En general, era un grupo amable.

—*De repente, encontró una puerta. Bueno, al principio no sabía que era una puerta, pero pudo sentir la madera. Llamó y sonó hueco. Así que se agachó y abrió la puerta.*

Hubo una breve pausa cuando el hombre recatado junto al orador retomó la historia. Era otro maestro de jardín de infancia, y probablemente había pasado varios miles de horas contando historias antes de aquella noche: se podía escuchar en su voz, en su entrega y en la manera en que cada frase iluminaba la historia como una persona que camina por una casa encendiendo lámparas. Mantuvo la mirada baja todo el tiempo, pero cuando terminó, teníamos mucha sustancia real con la que trabajar.

—*Abrió la puerta de una habitación grande. A un lado había una pila de regalos envueltos en papeles de colores, y al otro lado había una escalera blanca que salía de la habitación. Cuando miró hacia atrás, la puerta había desaparecido. Colgada de la pared había una pequeña llave. Trató de agarrar la llave, pero cada vez que su mano se acercaba, la llave se alejaba para que ella nunca pudiera alcanzarla. Ella se sintió frustrada y se sentó. Había una pequeña mesa cerca y encima una nota escrita a mano.*

Ahora la gente sentía curiosidad. El hombre que había estado arrastrando la punta del zapato por el suelo miró intensamente al narrador. Todos estaban ansiosos por que continuara, pero en lugar de eso, se volvió y miró amablemente a la niña que estaba a su derecha. Después de llamar su atención, ella hundió la cabeza en la barbilla e hizo una mueca con una alegre expresión de nerviosismo. Volvió a mirar al hombre, luego al suelo, luego al círculo de rostros ansiosos por saber qué diría.

—*Ella leyó la nota, que decía que subiera por las escaleras.*

—Hum... —dijo una anciana en una pequeña muestra de apoyo.

—Muy bien —dijo alguien más.

La niña estaba mirando a la mujer que estaba a su lado, una veinteañera que antes había reemplazado cada mención de Navidad con la palabra «solsticio». Miró con los ojos muy abiertos a la niña y luego se volvió hacia la multitud.

—*Con la nota en la mano, se dirigió a las escaleras. Cuando puso el pie en el primer escalón, este se volvió de color rojo. Hizo una pausa durante un segundo, maravillada, luego dio otro paso. Aquel otro escalón se volvió naranja. Los siguientes, amarillo, verde, plateado, azul, morado y dorado. Siguió subiendo, y las escaleras se volvieron de todos los colores del arco iris y vio flores mágicas creciendo a lo largo de la barandilla. Aquello la llenó de magia y asombro, y siguió subiendo hasta que miró desde lo alto de la escalera y vio un maravilloso arco iris con todo tipo de colores y formas que brotaban tras ella.*

Pasó la historia a la persona de la derecha. Un hombre alto con un poco de barriga estaba allí de pie con los labios apretados.

—¡Las velas se están apagando! —gritó alguien. Todos nos volvimos y, efectivamente, de las veinte velas del árbol, solo tres estaban ahora encendidas. Silke y otra mujer volvieron a encender algunas, que simplemente chisporrotearon un poco y se apagaron. Así que se rindieron y regresaron al círculo. Esta distracción le había dado mucho tiempo al hombre barrigón para que se sintiera extremadamente incómodo. De repente, todos los ojos se volvieron hacia él.

—Bueno —dijo, sacando los labios en una expresión pensativa—, *cuando llegó arriba del todo, la pequeña hada navideña se dio cuenta de que estaba en la cima del arco iris. El cielo estaba oscuro y pudo ver que la luna y las estrellas estaban bastante cerca. Estirándose tanto como pudo, extendió la mano y arrancó una de las estrellas del cielo.*

Agradablemente sorprendido, el círculo pareció sonreír con aprobación.

A continuación, le tocó a un hombre bastante travieso (que estaba escribiendo este libro), un poco incómodo con la cualidad empalagosa de la historia.

—*Cuando miró el arco iris, todo se había vuelto blanco y negro. De repente, se sintió triste. Ni siquiera estaba segura de por qué. Tal vez tuviera algo que ver con la estrella, pero ella no lo sabía. Trató de volver a colocarla en su lugar, pero no se pegó. Lentamente, volvió a bajar las escaleras, preguntándose adónde se había ido todo el color. Para cuando llegó abajo, su corazón estaba apesadumbrado. Ahora le resultaba difícil imaginarse entregando regalos. Además, estaba atrapada en un agujero subterráneo. Debía encontrar una salida.*

—*Ella llevó la estrella hasta la llave* —dijo la siguiente mujer—. *Mientras caminaba por la habitación, pudo ver que los regalos también se habían vuelto blancos y negros. Todo en la habitación era un poco lúgubre, pero quería hacer algo al respecto. Cuando llegó hasta donde estaba la llave, esta saltó de la pared y se pegó a la estrella como a un imán.*

Ahora era el turno de Silke.

—*La niña, uy, me refiero a la pequeña hada, separó la llave de la estrella y la acercó a donde había estado la puerta. De repente pudo verla. La llave encajó en la cerradura y, con una vuelta, la puerta se abrió con un clic.*

Silke se volvió hacia la anciana que había a su lado. Todos podían ver que estaba nerviosa.

—Yo no... yo simplemente no... —dijo, mirando a Silke con ojos suplicantes.

—¡Yo lo sé! —dijo el joven junto a ella—. *Cuando se abrió la puerta, los regalos se iluminaron con colores.* —La anciana miró al joven, agradecida de tener ayuda.

—*Sí* —dijo ella—, *y el hada los metió todos en una bolsa.*

—*Una bolsa de terciopelo* —añadió el joven.

—*Una bolsa de terciopelo rojo muy pesada* —dijo la anciana ahora complacida—, *que sacó por la puerta. Y ahora se sentía mucho más ligera y feliz. Cuando miró hacia atrás, la escalera del arco iris estaba de nuevo llena de colores brillantes.*

El joven y la anciana sonrieron, luego se volvieron hacia el niño a su derecha.

—*Ella salió por el agujero y entregó todos los regalos* —dijo el niño.

—*Y cuando llegó a casa* —dijo la madre del niño—, *buscó en su bolsillo y encontró la estrella. Era su propio regalo de Navidad.*

Todos sonreímos. La historia había llegado a su conclusión natural justo cuando regresaba a su punto de partida en el círculo. Era un poco manida, pero eso no importaba. Nos había unido como personas. Extraños de antemano, todos nos alejamos de ese círculo con algo más en nuestros corazones. Pronto nos disolvimos en diferentes direcciones, algunos hacia el fuego, otros a por la sidra, otros recorriendo los senderos medio iluminados. Al árbol de Navidad le quedaba una vela que brillaba suavemente en sus ramas.

El propósito de un círculo de historias no es exactamente la historia.

Es la intimidad compartida.

9

El final

CUANDO ABRISTE este libro, es posible que pensaras que narrar era contar historias divertidas a los niños. Lo es, pero esperamos que ahora veas la narración como algo más rico, una técnica eficiente para compartir información y fomentar la intimidad desde la infancia hasta la vejez.

Eso ya lo sabíamos, aunque de manera inconsciente. Las historias cautivan a las personas, y ha sido así desde los albores del *Homo sapiens*. Hemos evolucionado, como han sugerido Brian Boyd, Jonathan Gottschall y muchos otros, hasta convertirnos en narradores y oyentes. Lejos de ser algo superfluo, la narración es una herramienta muy útil para atraer la atención social, simular experiencias difíciles y difundir información esencial. Aparte de nuestros sentidos directos, nuestros cerebros están conectados para recibir información más fácilmente a través de la historia. Es el método principal por el cual transmitimos los valores familiares, religiosos y culturales. La historia es cómo le damos sentido a nuestras vidas.

Desde el momento en que nos despertamos hasta el momento en que nos acostamos, con frecuencia escuchamos o contamos historias. Puede que no llamemos a eso «narración», pero la mayoría de las palabras que decimos o escuchamos están envueltas en algún tipo de historia. Cuando nos acostamos por la noche, nuestro cerebro continúa contándonos historias mientras dormimos. De hecho, estamos tan saturados de historias que a veces nos cuesta reconocerlas, como el proverbial leñador que no puede ver el bosque porque se lo ocultan los árboles.

La cantidad de videos, películas y libros ahora disponibles para el niño promedio hace que las historias invadan su vida quizá más que nunca. Algunas de esas historias son buenas. Algunas son malas. Pero no hay duda de que muchas son verdaderamente fascinantes. El resultado es que muchos padres, la mayoría de los cuales crecieron dentro de esa saturación mediática, se sienten, con razón, intimidados por la narración. Es posible que conozcamos a un puñado de maestros o amigos que consideramos buenos narradores de historias, pero frente a gigantes como HBO y Disney, es fácil amedrentarnos. Si consideramos la narración como simplemente la transmisión de una historia, entonces esa posición es defendible. La mayoría de nosotros no tenemos el suficiente poder imaginativo como para competir con *Frozen*. Entonces, ¿para qué intentarlo?

Nos hemos convertido en narradores y oyentes.

Es cierto que *Frozen* es más complicada que nuestras humildes historias sobre Osito, pero si comprendemos que la narración es la relación entre el que habla y el que escucha, abrimos una ventana a una nueva perspectiva. Un niño que ha crecido con la intimidad de la hora del cuento no tiene dificultades para diferenciar las historias de sus padres de los tipos de historias que encuentra en otros lugares. Es probable que prefiera las de sus padres en muchos contextos. En cualquier caso, no habrá mucha necesidad de comparar, porque tanto los padres como el hijo reconocerán y sentirán la diferencia.

El propósito de este libro es inspirarte a tomar posesión de la tradición narrativa que legítimamente nos pertenece a cada uno de nosotros como seres humanos. Esto proporciona muchos beneficios: tus hijos disfrutarán de las fascinantes historias que surgen solo de la intimidad de la familia. Pero, igualmente importante, también recuperarás la alegría que proviene de esa expresión creativa. No se trata simplemente de a quién o a qué está prestando atención tu hijo, sino de crear una salida para expresar la intimidad, la alegría y la seriedad de nuestra vida cotidiana. La narración no es una calle de un solo sentido, es recíproca y relacional.

El primer paso es ser tú mismo. Esta es tu base y vale la pena que te tomes el tiempo para ser sincero. No puedes construir una relación con tu hijo si esa relación se basa en alguien que solo está fingiendo. No construyas una mansión sobre una base inestable. Puede acabar siendo un castillo de naipes.

El siguiente paso es comenzar con historias simples. Esto resulta más fácil si tu hijo aún es pequeño. Hay una buena razón para comenzar a contar historias el primer día de vida de tu hijo, pero trata de no esperar más de tres o cuatro años. Comenzar cuando el niño es pequeño facilita la narración y ayuda a desarrollar tu rutina. El aspecto más importante de tu rutina narrativa es simplemente cumplirla. La narración requiere práctica. Tendrás días malos y malas historias. A nosotros nos pasa todo el tiempo. Pero si tienes una rutina regular, la intimidad del momento eclipsará cualquier pifia.

Si utilizas el ciclo de la narración, tus historias no solo serán imaginativas, sino que se relacionarán con el mundo real de tu hijo. Esto crea salidas para el juego y la memoria y, con el tiempo, puede conducir a entornos de historias muy enriquecedores en los que muñecas, juguetes, lugares, objetos y actividades le recordarán a tu hijo el tiempo que pasasteis juntos y lo incitarán a otras salidas creativas para jugar.

Mediante el uso de lenguaje descriptivo y algunas de las otras técnicas de narración descritas en el capítulo 5, «Elementos de trabajo», puedes añadir riqueza y profundidad a tus historias. Si mantienes una práctica regular, tu hijo te dará pistas y se dará cuenta de que tus historias maduran, casi sin esfuerzo.

Esto por sí solo creará experiencias inmensamente ricas, momentos frecuentes de significado compartido y recuerdos para toda la vida que tú y tu hijo atesoraréis. Pero una vez que domines la historia, podrás agregar más capas de significado y riqueza a tu vida, tranquilizar, enseñar y llevar la intimidad de la narración a todas tus relaciones. Al final de la vida, al igual que al principio, a menudo hay un interés renovado en el poder de una historia simple. No hay final.

★ PRÁCTICA # 16 *Escucha tu historia*

Cada uno de nosotros lleva una historia interna de quiénes somos. Somos hermosos, fuertes, inteligentes, atléticos, cerrados, malvados, afectados y muchas cosas más. Tenemos muchos rasgos y experiencias que ayudan a escribir nuestra historia, a veces con narrativas conflictivas. ¿Qué historias han sido omnipresentes en tu vida? ¿Qué tipo de palabras te dices a ti mismo? ¿Son verdades? ¿Cómo y cuándo se desarrollaron esas historias? ¿Pueden cambiar? ¿Qué podrías hacer para ayudar a tu hijo a crear historias internas saludables en su vida?

★ PRÁCTICA # 17 *Escucha la historia de tu hijo*

Invita a tu hijo a que te cuente una historia. Escucha los temas, imágenes y sentimientos que surjan. No te apresures a juzgar. Solo observa. Si el ejercicio es fructífero, considera convertirlo en una parte regular de la hora del cuento. Trata de prestar atención a imágenes o temas consistentes que surjan cuando tu hijo cuenta una historia. ¿Qué le encanta? ¿Qué evita? ¿Qué tipo de personajes aparecen? Esto puede darte una idea de los pensamientos internos de tu hijo y ayudarlo a desarrollar historias que realmente le hablen.

Mariposas

Joseph Sarosy

Era casi el último día de clases. El río bajaba abundante y la tierra estaba verde. Silke, los niños y yo habíamos estado en el bosque construyendo cabañas con palos y ramas. Mientras lo hacíamos, cientos de mariposas volaban a nuestro alrededor, chupando las flores blancas que colgaban de las grosellas silvestres. Ahora era la hora del almuerzo, y mientras nos acomodábamos en la sombra, Silke y yo comenzamos a intercambiar miradas, como diciendo: «¿Tú? ¿Yo?».

Sonreí y sacudí la cabeza. Mariposas. Eso es todo lo que necesitábamos. Una vez que los niños terminaron sus almuerzos, cerraron la cremallera de sus mochilas, buscaron un lugar cómodo y adoptaron la postura del cuento. Habíamos pasado por eso innumerables veces.

✦

—*Está bien* —dije una vez que el movimiento se hubo asentado—. *Os voy a contar una historia. Va sobre una larva.* —Hice una mueca, queriendo disculparme, luego me encogí de hombros—. *¿Sabéis lo que es una larva?*

Básicamente es un gusano. Eso es todo. Un poco ondulado y blanducho. El nombre de esta larva era Gertie. Gertie la Larva.

»Bueno, a Gertie le encantaba comer. Le gustaba comer hierba y hojas, pero había nacido en otoño. Comió todo lo que pudo, pero pronto no quedó nada para comer. Se puso un poco triste. Sin saber qué hacer, se metió en un agujero en un árbol y se acurrucó. Desde allí vio cómo la tierra verde se volvía marrón y se secaba. Le entró un sueño absolutamente irresistible. Una vez que se despertó, todo estaba blanco. Y frío.

—Era invierno —dijo uno de los niños—. Había nevado.

—Hum... eso es correcto. *Era invierno. Pfff, hacía tanto frío como dentro de un congelador, como en lo alto de un peñasco. Quiero decir que hacía mucho frío y Gertie no sabía qué hacer, excepto dormir. Así que eso es lo que hizo. Zzzzz.* —Cerré los ojos y ronqué escandalosamente. Algunos niños se rieron. Algunos me imitaron. Yo también me reí. Silke sonrió. El bosque. Podría pasarme la vida haciendo eso.

—*»Bueno, un día Gertie se despertó.* —Miré a izquierda y derecha, fingiendo seriedad—. *Snif, snif. Algo era diferente. Miró por el agujero y vio el sol reluciente. No sé por qué, pero por alguna razón decidió trepar hasta el agujerito que había en el árbol. ¡Oh! Todo estaba verde. Los arbustos tenían brotes nuevos que salían de las ramas. La hierba crecía de color verde en los tallos secos del año pasado. ¡Y había muchos sonidos! Gertie miró y vio el río bajando muy lleno de agua por toda la nieve derretida. Y los árboles. Dios mío, los árboles. Bueno, Gertie echó un vistazo y su boca comenzó a salivar como un labrador grande* y viejo. Como un perro. Con la lengua colgando y todo. Salió, encontró una rama. ¡Mmm! La comida estaba muy buena.

»Bueno, Gertie estaba allí, sentada en la rama, masticando alegremente, cuando de repente vio una rama en el otro lado del arbusto, moviéndose arriba y abajo. —Volví la cabeza hacia un lado, como para mirar por encima de una rama. Silencio. La volví hacia el otro lado, tratando de tener una mejor vista—. Miró, pero no pudo ver nada, así que de nuevo se puso a comer. Bueno, ella estaba sentada allí comiendo y la rama todavía se balanceaba, así que miró otra vez. —De nuevo miré por encima de las ramas imaginarias. Nada.

»Decidió caminar hasta allí y ver qué estaba pasando. Ella se movió... ya sabes, como se mueven los gusanos, con el vientre, y finalmente se dirigió a la otra rama, que todavía se balanceaba. —Cada vez que decía la palabra «balanceaba», yo rebotaba un poco arriba y abajo, y algunos de los niños repetían esta acción.

»Y allí estaba Greg. Greg era otra larva, como Gertie. Y entonces Gertie le dijo:

»—¿Qué estás haciendo?

»—¿Yo? —preguntó Greg, con la boca llena de hojas y chorreando jugos.

»—Sí —respondió Gertie.

»—Oh, solo estoy comiendo hojas. Ya sabes. Relajándome.

»—Hum —dijo Gertie—, sé cómo es eso.

»—Sí.

»Bueno, ahora Gertie y Greg ya eran buenos amigos.

»Y todo el bosque se estaba volviendo más y más verde. ¡Estoy hablando del paraíso de la comida!

Haré una pausa para decir lo obvio, que es que hasta ese punto no había pasado prácticamente nada. La historia era de lo más aburrida posible. Pero los niños estaban en el séptimo cielo. Estaba haciendo voces divertidas, pausas de efecto y actuando de manera extraña, y estaban disfrutando por la misma razón que yo. Somos amigos. Apenas importaba cuál sea la historia. Basta con almorzar bajo la sombra de un árbol y escuchar a alguien en quien confías. Además, conocían mis historias. Sabían que llegaría a alguna parte. La anticipación puede ser dulce.

—*Finalmente, un día Gertie se cansó. Me refiero a que se encontró muy cansada.*

»—*Caramba, apenas puedo mantener la cabeza erguida. Tengo todo el cuerpo flojo.* —Dejé caer la cabeza a un lado y al otro—. *Entonces, y no sabe muy bien por qué, se dijo a sí misma: "Voy a colgarme de esta rama".* —Me encogí de hombros y luego hablé en un tono diferente—. *Vamos, Gertie. ¿Qué estás haciendo? Pero Gertie no estaba escuchando. Solo estaba ocupada haciendo sus cosas.*

»*Vaya...* —bajé la voz, poniéndome serio—. *Chicos, Gertie ni siquiera sabía lo que estaba pasando. Se quedó dormida y, mientras tanto, era como si todo su cuerpo se pusiera rígido. Se puso duro como un caparazón. Ella simplemente estaba ahí, muy quieta. Pero por dentro...* —y abrí los ojos como platos—, *era como si todo su cuerpo se hubiera ablandado. Estaba como... unas gachas de avena. Blandita y calentita. Pero no sabía qué estaba pasando.*

»*Pero, chicos, fue como la magia más salvaje que jamás hayáis visto. ¡Gertie era una cosa dura en una rama y una cosa blanda por dentro y ya ni siquiera sabía dónde estaba! Y eso continuó así durante mucho tiempo. Y mientras dormía, tuvo un sueño.* —Hice una pausa, con una expresión seria y pétrea en mi rostro.

»*¿Sabéis lo que pasó en ese sueño?* —Algunos niños negaron con la cabeza. Sacudí la mía de izquierda a derecha, luego sonreí con nostalgia.

»*Bueno, mirad. En el sueño, Gertie estaba en el bosque y conoció a un hada. Las hadas vuelan, eso es genial. El hada revoloteó y dijo: "Tengo un mensaje muy importante para ti, Gertie. Tienes un gran trabajo que hacer". Gertie estaba un poco nerviosa, pero escuchó atenta. "Gertie", le dijo el hada, y se puso muy seria, "la Madre Tierra te ha pedido que, cuando te despiertes, cuides a los niños y los mantengas a salvo". Entonces Gertie vio que el hada se alejaba volando.*

»*Y entonces Gertie se despertó. Era como si hubiera estado dormida durante meses. O años. Pero, en realidad, solo habían pasado unas pocas semanas. El sonido que la despertó, un crujido, provino de su propio cuerpo. ¿Sabéis a lo que me refiero? Su propio cuerpo agrietándose.*

»*Vaya, tenía mucho sueño. Estaba asustada. Finalmente, bostezó y estiró los brazos* —y aquí imité dichos movimientos —*Pero... algo no iba bien. Se miró los brazos y pensó: "Espera un minuto, pero si yo antes no tenía brazos". Pero, de todos modos, ahora sus brazos eran... bueno, ya no eran brazos».* Todos los niños se miraron unos a otros. "Ella ya era una mariposa", se dijeron con la mirada.

»*Pues bien, ella extendió los brazos, que ahora eran alas, y se sintió empapada. Simplemente estaba allí colgando, tratando de despejarse del sueño y secándose. ¿Sabéis lo que es despertarse después de estar dormido durante semanas? Miró a su alrededor y el mundo estaba más verde que antes. La hierba estaba totalmente verde ahora y los arbustos no solo también estaban verdes, chicos, ¡estaban cubiertos de* flores! Los árboles eran grandes, frondosos y daban mucha sombra. El río burbujeaba, un poco más tranquilo que antes. Y ahora Gertie estaba despierta. Y lo recordaba todo. Ya estaba de vuelta, hermosa, fuerte.

»Gertie estaba en aquella rama colgada, y vio algo. La rama del otro lado se balanceaba de nuevo. Miró con atención pero no pudo decir qué era. Snif, snif. Olía bien. Miró de nuevo. La rama todavía se balanceaba. No estaba nada claro qué estaba pasando, así que decidió acercarse, pero cuando lo hizo, ¡vaya!... todo su cuerpo se elevó en el aire.

»¡Estaba volando! Era lo más maravilloso que había hecho en su vida. Simplemente flotaba en el viento, dando vueltas y más vueltas. Era como si el viento la moviera a ella, pero ella también moviera al viento. ¡Era asombroso! Vio la rama y, tirando un poco de sus alas, se deslizó hacia abajo y aterrizó. Había flores por todas partes, florecillas blancas colgantes que olían increíblemente bien. Entonces miró y, ¡pfff!, se rio. ¡Era Greg! Colgaba de la rama y salía de algo.

»—¡Greg! —le dijo—, ¿dónde has estado?

»—¿Yo? —dijo dice Greg, con los ojos muy abiertos—. Espera, espera —dijo. Abrió una de sus alas y luego la dobló hacia atrás—. Gertie. He tenido el sueño más asombroso. Estaba durmiendo, y luego un hada se me acercó. Dijo que tenía que hacer algo. —Los niños se miraron unos a otros de nuevo.

»—¿De verdad? —dijo Gertie—. Yo también tuve un sueño. ¿Ella... era...?

»—Los niños —dijo Greg—, se supone que debo cuidar a los niños.

»—¿Y mantenerlos a salvo? —dijo Gertie—. Greg, yo he tenido el mismo sueño.

Vi que lo niños abrían la boca expresando sorpresa. Todos formábamos parte de la historia. Yo, Silke, Gertie, los niños, Greg, el bosque...

—*Bueno, ya sabéis lo que pasa. Ahora eran mariposas. Gertie y Greg, revoloteando alrededor. Grandes arbustos de grosellas silvestres por todas partes. El mundo entero lleno de arbustos, flores y comida, y era tan deliciosa... Ya sabéis, estaban volando y había un montón, cientos, tal vez miles de pequeñas mariposas por todas partes. Y había niños. Y los niños corrían y jugaban por allí, y las mariposas volaban y los miraban. ¿Sabéis por qué? Porque estaban cuidando a los niños, manteniéndolos a salvo. Así es como es. Y seguirá así durante mucho tiempo. Mariposas. Niños. Es algo increíblemente especial.*

Me detuve. Los niños miraron hacia arriba. Identificaron el final de la historia en el tono de mi voz.

Es fácil dudar del poder de esta historia. Para algunos será un poco empalagosa, a otros las frases les resultarán demasiado sencillas. No te sugiero que lo hagas de esta manera. Solo es mi manera. Es quien soy. Me gusta hacer el tonto y darles a los niños razones claras para dudar de mí. Les hace reír y les da permiso para cuestionar mis palabras. Pueden decidir por sí mismos si hay alguna verdad duradera en la historia. Espero que sientas lo mismo cuando leas este libro. La narración te pertenece. El método que hemos descrito proporciona un marco útil, pero hay espacio dentro de él para tantas expresiones diferentes como personas hay en el planeta.

Cuando los niños se levantaron y se adentraron en aquel campo de mariposas, sus ojos se iluminaron. Las mariposas revoloteaban igual que en la historia. Los arbustos de grosellas no habían cambiado. Incluso había motivos para dudar de la tonta historia del maestro. Pero la verdad no era exactamente lo importante. Fue suficiente para que los niños se preguntaran, aunque solo fuera por un momento, si las mariposas que volaban en aquel campo estaban cuidando de ellos. O tal vez fue suficiente para dirigir la atención de un niño hacia las mariposas reales que había ignorado al principio del día. Lo que era indudablemente real, no obstante, era el sentido palpable de comunidad que había entre los niños, la alegría compartida en sus rostros y la presencia amorosa de los maestros cuando alejamos el árbol y nos adentramos en aquel campo de mariposas. No fue solo una fantasía.

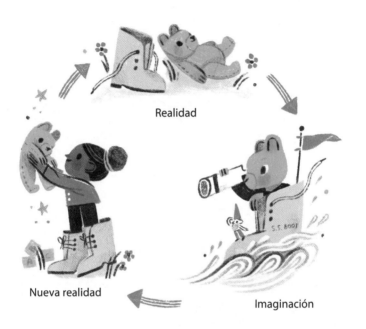

Realidad

Imaginación

Nueva realidad

Nota de los autores

Nuestro objetivo es ayudar a los padres, educadores y cuidadores a usar la narración para crear una intimidad duradera con sus hijos. Esperamos que este libro te inspire. Si aún no has comenzado a contar historias, te invitamos a dar el paso y empezar hoy mismo. Nada desarrollará mejor tu oficio que la práctica regular. Los ejercicios enumerados al final de cada capítulo son una buena manera de comenzar, pero te invitamos a seguir también a tu corazón. Esta habilidad es algo que está muy dentro de ti. Sabrás cuándo vas por el camino correcto.

Por supuesto, contar historias es mucho más de lo que hemos incluido en este libro. Nuestra intención era crear una lectura breve para padres ocupados, con un método simple y pasos que puedan recordarse sin problemas. ¿Lo hemos conseguido? Nos encantaría que nos lo contaras.

www.howtotellstoriestochildren.com
facebook.com/howtotellstoriestochildren

¡Que tengas la mejor de las suertes!
Silke y Joe

Agradecimientos

Este libro es obra de muchos narradores. Gracias a todos los niños que han sido parte de nuestros años de narración. Gracias a los gnomos, a los niños de la Tierra y a todos los maestros y padres que se han cruzado en nuestro camino. Gracias a nuestros propios hijos, a nuestros padres y a nuestros antepasados desconocidos que hicieron posible este regalo.

Estamos especialmente en deuda con Alison P. Brown; Amy W. Hope; Andrea B; Angela Prettie; Angelika Heikaus; Ayesha Candy Cruz; Beth Gallatin; Brandon Hubley y Jolie, Diedre, Nancy, Karleen, Matthew, Caroline, y Jean; Brock Anderson; Chase, Rachel, y Aldo Stearnes; Damon McLean; Dan Brodnik; Dana Klepper-Smith; Daniel Lodwig; Danielle Avdul; Danielle Freeman; Devin Powell; Diana Rico; Diane Singerman; Ed Neal y Sue Lewis; Emily Kedar; Emma Avalos y Seth Blowers; Erinn Kilcullen; Francis Scully; Freya Markowski; Gilbert Renault; Glen Carlberg; Grace Iverson; Inka Markowski; Irina Sels; Jai y Jan Cross; Jared Krause; Jenn Foley; Jenny Kostecki-Shaw y Patrick Shaw; Jessica y Matt Jones; Joe Plummer; Joseph y Michelena McPherson; Kara Andresen; Karen Moravek; Katy McKay; Kendra Adler; Larry Wiesner; Lindsay E. Nance; Loretta Neal; Lou y Jane Brodnik; Malinda; Marcy Andrew; Margaret Brewster; Mari Tara; Marie Goodwin; Mark Dixon; Matthew Ryan; Michele Boccia; Michelle Williams; Mike Pumphrey; Mirabai Starr y Ganga Das Little; Nancy

McDaniel; Paola Marusich; Paul Rudy; Paul Wapner; Peter Brodnik; Philip y Patricia Cummings; Rachael Penn; Rae Halder; Renay Anderson; Renee Angele Mason; Roberta Sharples; Ron Boyd; Sally A. Boyd; Samantha Brody; Satyadev; Sena Rasun-Mahendra; Sevenup; Stuart Stein; Tracy Cates; y Zwanet Hamming.

Gracias a Jenny Kostecki-Shaw por toda su ayuda en el camino. Gracias a Bridget Wagner Matzie por ayudarnos a convertir el libro en algo significativo. Gracias a Jane Friedman por sus excelentes consejos. Y gracias a Sarah Pelz y a toda la gente de HMH por convertir este libro en un tesoro.

Referencias

1. Berit Brogaard: «Parental Attachment Problems», noviembre de 2016. Obtenido de https://www.psychologytoday.com/us/blog/the-mysteries-love/201611/parental-attachment-problems.

2. Ed Yong: «The Desirability of Storytellers», diciembre de 2017. Obtenido de https://www.theatlantic.com/science/archive/2017/12/the-origins-of-storytelling/547502/

3. Brian Boyd: *On the Origin of Stories*, Cambridge, MA, Belknap Press, 2009.

4. David Sloan Wilson: *Darwin's Cathedral*, University of Chicago Press, Chicago, 2003.

5. Jennifer Aaker: *Lean In: Harnessing the Power of Stories*, 2014. Archivo de video, obtenido de https://leanin.org/education/harnessing-the-power-of-stories.

6. Romeo Vitelli: «When Does Lying Begin?», 11 de noviembre de 2013. Obtenido de https://www.psychologytoday.com/us/blog/media-spotlight/201311/when-does-lying-begin.

7. Ben Healy: «Gossiping Is Good», julio/agosto de 2018. Obtenido de https://www.theatlantic.com/magazine/archive/2018/07/gossip-is-good/561737/.

8. Cody C. Delistraty: «The Psychological Comforts of Storytelling», 2 de noviembre de 2014. Obtenido de https://www.theatlantic.com/health/archive/2014/11/the-psychological-comforts-of-storytelling/381964/

9. Elena Renken: «How Stories Connect and Persuade Us», 11 de abril de 2020. Obtenido de https://www.npr.org/sections/health-shots/2020/04/11/815573198/how-stories-connect-and-persuade-us-unleashing-the-brain-power-of-narrative.

10. Pam Allyn: «10 Ways to Raise a Happy Child», 11 de julio de 2013. Obtenido de https://www.psychologytoday.com/intl/blog/litlife/201307/10-ways-raise-happy-child.

11. Jonathan Gottschall: *The Storytelling Animal, How Stories Make Us Human*, Houghton Mifflin Harcourt Publishing Co., Nueva York, 2012.

12. Norman Doidge: *The Brain that Changes Itself*, Penguin Books, Nueva York, 2007.

13. Lao Tzu, Steven Mitchell (traductor): *Tao Te Ching*, HarperCollins Publishers, Nueva York, 2006.

14. «*Ayee, I owe you…*», que contiene todas las vocales. *(N. del T.)*

Notas